JEAN-MICHEL GROULT

IN DEN GARTEN, FERTIG, LOS!

Mit 400 Handgriffen durch jedes Beet

Aus dem Französischen von Sabine Hesemann

DAS STECKT IN DIESEM BUCH

DEN GARTEN ANLEGEN   6

Planvoll vorgehen 8
Von Anfang an festlegen 10
Boden vorbereiten 12
Boden verbessern 14
Hecken pflanzen 16
Gemischte Hecken 18
Rasenecke 20
Wege anlegen 22
Bewässerung 24
Trockenheitsverträgliche Pflanzen 26
Permakultur und Pflanzengemeinschaft 28
Bodenbedeckung 30
Wie Kompost gelingt 32
Ein gern besuchter Garten 34
Hilfe für die Tierwelt 36
Gesunder Garten 38

DIE DETAILS PLANEN & GESTALTEN   40

Auswahl des Stils 42
Pflanzungen planen 44
Beete anlegen 46
Beeteinfassungen 48
Natürlich wirkende Pflanzung 50
Erfolgreiche Pflanzung 52
Im Handumdrehen 54
Was man vermeiden sollte 56
Saisonale Arbeiten 58
Warum schneiden? 60
Stauden pflegen 62
Kletterpflanzen schneiden 64
Nektarreiche Pflanzen 66
Pflanzen für das Wohlbefinden 68
Schön und essbar 70
Vereinfachen 72

DER GEMÜSEGARTEN 74

Eine Gemüseecke anlegen 76
Grundbegriffe 78
Die Fläche vorbereiten 80
Die Kunst der Aussaat 82
Pflanzen selbst ziehen 84
Gemüse, die man haben muss 86
Weitere Sommergemüse 88
Tomaten 90
Salat 92
Kürbisse 94
Herbst- und Wintergemüse 96
Weitere Blattgemüse 98
Ausdauernde Gemüse 100
Gemüsegemeinschaften pflanzen 102
Kräuter 104
Neue Kräuterentdeckungen 106
Erprobte Praktiken 108
Das gewisse Extra 110

DER OBSTGARTEN 112

Einen Obstbaum pflanzen 114
Grundbegriffe 116
Obstbäume schneiden 118
Zusätzliche Aufgaben 120
Erdbeeren und Himbeeren 122
Kernobst 124
Steinobst 126
Beerenobst 128
Fruchttragende Kletterpflanzen 130
Zitrusfrüchte 132
Noch mehr Früchte 134
Obsthecke 136
Ein ökologischer Obstgarten 138

Register 142

DEN GARTEN ANLEGEN

Wie erschafft man das eigene kleine Paradies? Ganz einfach: Schritt für Schritt. Überlegen Sie sich zuerst, wo Sie welche Plätze und Nutzungen im Garten brauchen, und danach nehmen Sie sich die Bepflanzung vor. Nicht andersherum! Es wäre nicht gut, wenn Sie die neuen Pflanzungen gleich wieder betreten müssten, um etwas zu ändern. Bereiten Sie den Boden vor, bestimmen Sie die Gartenräume und verbinden Sie dann alles möglichst einfach, ökologisch und wirkungsvoll.

Planvoll vorgehen

Für einen möglichst praktischen Garten plant man zuerst die Gartenbereiche. Denn oftmals erweist sich das, was in ästhetischer Hinsicht am schönsten ist, in der Praxis als absolut untauglich.

DENKEN SIE PRAKTISCH

Egal wie das Gelände aussieht, Sie müssen ganz bestimmt nach einem Kompromiss zwischen Wunschtraum und Möglichkeiten suchen. Die Wegeführung (Wege, Durchgänge) sollte z. B. praktisch sein, sodass man bequem von A nach B kommt. Beginnen Sie mit einer Wunschliste – Gemüseecke, Wasserbecken, Komposthaufen usw. Lassen Sie sich aber etwas Spielraum für später, damit Sie auch neue Ideen noch umsetzen können.

NEHMEN SIE SICH ZEIT

Lassen Sie sich nicht von schönen Fotos oder dem Gartenhandel zu schnellen Entschlüssen verleiten, sondern nehmen Sie sich einige Wochen Zeit zum Nachdenken. Lassen Sie die Plätze direkt vor Ort im Garten auf sich wirken und überstürzen Sie nichts. Egal, ob es sich um eine Brache oder einen schon vorhandenen Garten handelt, die ersten Impulse sind nicht immer die richtigen.

FÜR EINEN GUTEN START

EINEN PLAN ZEICHNEN

Auch wenn Sie sich nicht zum Architekten berufen fühlen, skizzieren Sie Ihre Gestaltungsideen auf Papier. Das ist die beste Methode, um Gartenplätze überlegt anzulegen. Und auf diese Weise führt man sich auch die nötigen Arbeiten vor Augen.

ABSTÄNDE MESSEN

Zögern Sie nicht, das Gelände detailliert zu vermessen. So werden Fehler vermieden, wie z. B. ein Durchgang an einer zu engen Stelle oder eine zu schmale Rabatte an einer Mauer. Man muss aber nicht auf den Zentimeter genau messen.

VERMEIDEN

– **Empfindliche Gestaltungselemente wie Kiesgemische:** Unmittelbar nach der Anlage toll, aber man merkt schnell, dass sie viel Aufwand bei der Pflege verursachen.

– **Ungeeignete Kompositionen:** Denken Sie mittel- und langfristig. Manche Pflanzen wuchern Durchgänge zu oder ein großer Bambus wird im Topf verkümmern.

EBENSO VERMEIDEN

Unschön alternde Materialien: Poröse Steine und rohes, unbehandeltes Holz verändern sich im Laufe der Jahre und zerfallen oder verrotten.

Von Anfang an festlegen

Die Struktur eines Gartens ist selten endgültig, sie entwickelt sich mit Bedürfnissen und unvorhergesehenen Einschränkungen. Manche Gestaltungselemente kann man aber später nicht mehr verändern, daher sollte man wohlüberlegt vorgehen, wenn man sie anlegt.

PLATZ SPAREN

Kombinieren Sie Gartenhütte und Gewächshaus, entweder durch Kauf eines doppelt nutzbaren Modells aus dem Handel oder indem Sie selbst eines bauen. Die zweite Variante nimmt mehr Zeit in Anspruch und ist preislich nicht unbedingt günstiger.

GEHEN SIE UMHER!

Wege sind zweifellos das wichtigste Element, um Gärten zu gliedern. In klassischen Hausgärten gibt es keine Wege, weil man über die Rasenfläche alle Bereiche des Gartens erreicht. Bei kleineren Grundstücken mit mehr Beschränkungen und einer vielfältigeren Gestaltung eignet sich diese Lösung kaum. Es wäre besser, die zum Laufen gedachten Partien in die ästhetische Gestaltung einzubinden. Planen Sie die Wege mindestens 1 m breit. Die Kosten für einen Weg können je nach Material rasch in die Höhe schnellen. Es gibt aber auch einfache, teils kostenlose Lösungen durch Recycling von Materialien.

LEITUNGEN

Wasser und Strom sind im Garten sehr wichtig. Gleich bei den ersten Arbeiten im Garten sollten Sie eine zentrale Wasserleitung (unterirdisch) verlegen, an der Sie Wasserhähne und andere Auslässe vorsehen. Planen Sie auch einen Elektro-Außenanschluss ein, z. B. dort, wo die Gartenhütte stehen soll. Auch wenn viele Gartengeräte im Akkubetrieb laufen, müssen sie irgendwann geladen werden. Und oftmals sind Kabel bei Elektrogeräten zuverlässiger als kabellose Verbindungen.

FÜR DEN PRAXISTAUGLICHEN GARTEN

„HARTE" GARTENPLÄTZE

Darunter sind Flächen zu verstehen, die mit dauerhaften Materialien bedeckt sind: Holz, Beton, Pflastersteine, Teer usw. Einmal angelegt, sind diese Flächen unveränderlich. Planen Sie daher alles ein, was darunter verlegt werden muss (Kabel, Rohre).

Ein Fehler ist meistens, dass man die Anlage zu klein plant. Denn im Laufe der Zeit wächst das Grün über die Ränder. Legen Sie die Flächen also von Anfang an etwas größer an.

KLEINE BÄUME WERDEN GROSS

Wenn Sie einen oder, wie man Ihnen sicher empfehlen wird, mehrere Bäume pflanzen möchten, informieren Sie sich vorab über deren Raumbedarf. Ein Baum nimmt selten Platz am Boden ein, doch der Durchmesser der Krone dehnt sich aus, je höher der Baum wächst. Vergewissern Sie sich, dass die Äste nicht gegen ein Gebäude schlagen oder den Blick aus dem Fester verstellen. Das Risiko eines umstürzenden Baumes hängt weitgehend vom Boden und der Art ab. Man sollte also die Auswahl nach dem Boden richten.

VIELLEICHT EINE GARTENHÜTTE?

Auch wenn Sie nicht unbedingt an eine Gartenhütte denken, lassen Sie eine Fläche frei, wo sich eine bauen ließe. Das könnte ein Stückchen Rasen sein oder eine Fläche mit einjährigen Blumen. Das Gleiche gilt auch für ein kleines Gewächshaus.

Boden vorbereiten

Unabhängig vom Gartentypus, den Sie sich wünschen, sind einige Vorarbeiten nötig, damit Sie später keinen Reinfall erleben.

SCHRITT FÜR SCHRITT
Bevor Sie mit den Arbeiten beginnen, stellen Sie zuerst einmal fest, welche Partien Sie unverändert lassen können. Markieren Sie den Verlauf von Leitungen und Rohren (Strom, Wasser, Abwasser), damit Sie später keine Probleme damit haben. Markieren Sie auch den Verlauf der Wege oder den Platz für eine Terrasse, die Sie anlegen möchten.
Wenn die Arbeiten voraussichtlich mehr als 5 Jahre in Anspruch nehmen, lohnt es sich, in der Zwischenzeit einige vorläufige Pflanzungen anzulegen. Wenn es schneller gehen wird, kann man sich diese

Mühe sparen, weil manche Pflanzen sich erst nach 3 Jahren an den Standort gewöhnt haben.
Bestimmen Sie nun die Stellen, wo Sie mit dem Pflanzen beginnen wollen. Dort muss die Fläche geräumt und der Boden vorbereitet werden, alle Pflanzen müssen restlos entfernt werden. Legen Sie vorher die Umrisse der Fläche fest, damit Sie nicht an unnützen Stellen jäten.

NACHHALTIG UNKRAUT ENTFERNEN
Egal ob man einen Garten neu anlegt oder wieder in Kultur nimmt, der wichtigste Handgriff ist das Jäten. Fach-

männisch Unkraut zu jäten, bedeutet nicht, dass man eine Pflanze einfach abreißt. Damit es effektiv ist, müssen auch die Wurzeln der Unkräuter gezogen werden, dann schüttelt man die bewurzelte Pflanze, damit so viel Erde wie möglich herausfällt. Es sollten so wenig Wurzeln wie möglich in der Erde bleiben, um ein Nachwachsen zu verhindern. Ein Werkzeug, mit dem man das Unkraut durch Hebelwirkung anheben kann, erleichtert die Arbeit erheblich. Unkrautbekämpfung ist etwas schmutzig und manchmal langwierig, aber das ist das Los aller Gärtner auf der Welt.

JÄTEN MITHILFE EINES PAPPKARTONS

1. Unkraut kürzen
Schneiden oder mähen Sie das Kraut ab. Wässern Sie anschließend den Boden, falls das Wetter trocken ist.

2. Pappe auslegen
Legen Sie saubere Wellpappe (ohne Klebeband) auf den Boden. Zwei überkreuzte Schichten sind noch wirkungsvoller.

3. Mulchschicht ausbringen
Verteilen Sie eine 10 cm dicke Schicht aus Laub, Stroh oder Rasenschnitt auf der Pappe. Lassen Sie dies 3–6 Monate liegen.

ÖKO-METHODE FÜR FAULE

Wer sich Zeit lassen kann, erhält auf diese Weise eine saubere Erde, die man direkt bepflanzen kann.

Boden verbessern

Mit der Bodenverbesserung erreicht man, dass der Boden fruchtbarer und vor allem leichter zu bearbeiten wird. Dies ist aber kein einmaliger Vorgang, sondern eine langfristige Grundaufgabe in jedem Garten.

WAS IST EIN GUTER BODEN?

Guter Boden ist leicht zu bearbeiten und reich an Nährstoffen. Er hat eine krümelige, aber feine Textur und oft eine sehr dunkle Farbe. Das erreicht man aber nicht auf einmal, sondern nur durch viel Arbeit. Kein Boden, von einigen sehr seltenen Fällen abgesehen, vereint alle guten Eigenschaften. Es ist daher wichtig, die Erde durch Nährstoffanreicherung zu verbessern. Dafür wird der Boden mit organischen Stoffen versorgt, z. B. mit pflanzlichen Stoffen, die mindestens 2 Jahre lang verrotten durften: schwarzer Kompost, altes Holzhäcksel, mindestens 2 Jahre alter Mist.

EIGENER KOMPOST

Dieser wird hergestellt, indem man alles, was sich gut zersetzt, in den Kompost gibt: Laub, Schalen, Rasenschnitt, Grünabfälle usw. Früher sprach man von einem „Rottehaufen", heute von einem Komposter, aber es geht noch immer darum, der Erde etwas zurückzugeben. Bedenken Sie jedoch, dass es im Durchschnitt 18 Monate dauert, bis aus einem Haufen guter Kompost entsteht, und dass man im Garten nie genug davon haben kann. Planen Sie daher eine versteckte, aber nicht zu kleine Kompostecke ein, z. B. mit mehreren Behältern mit unterschiedlichem Reifegrad. Wie das Kompostieren geht, erfahren Sie auf Seite 32.

SO FUNKTIONIERT'S

BODENVERBESSERUNG AUS DEM HANDEL

Wer keinen eigenen Kompost hat, muss auf externe Quellen zurückgreifen. Im Handel gibt es ihn entweder in Säcken oder in loser Form. Lose Ware ist viel billiger, aber unhandlicher beim Transport. Vermeiden Sie Erden die Torf enthalten, so können Sie dazu beitragen, dass wertvolle Moorlandschaften nicht weiter zerstört werden. Produkte, die nur aus kompostierten Bestandteilen zusammengesetzt sind, sind am besten. Aber Vorsicht, damit macht man sich richtig schmutzig.

WIRKUNGSVOLL, ABER AUFWENDIG: GRÜNDÜNGER

Wenn Sie einen Garten anlegen, können Sie den Boden auch durch Gründüngung anreichern, d. h. durch eine Kultur, die man nicht erntet, sondern unter die Erde bringt. Senf, *Phacelia* und andere Gründünger werden meist im Frühjahr auf eine vorbereitete Erde gesät. Die Stängel werden später zerkleinert (z. B. mit dem Rasenmäher) und liegen gelassen, schließlich muss das Ganze untergegraben werden. Der Boden ist dann bereit zur Bepflanzung einige Wochen später. Das lohnt sich vor allem dann, wenn Sie einen Gemüsegarten auf unfruchtbarem Boden anlegen wollen.

DIE VERSCHIEDENEN BODENARTEN

Nehmen Sie eine Handvoll Erde, die feucht, aber nicht nass ist. Rollen Sie sie in der Hand. Je nachdem, was Sie formen können, hat Ihre Erde eine andere Beschaffenheit.

– **Eine perfekte Kugel:** Ihre Erde ist tonhaltig, besteht also aus sehr feinen Partikeln. Sie speichert Wasser gut, wird aber im Sommer rissig und ist am schwierigsten zu bearbeiten. Sie müssen kompostiertes (also schwarzes) Material zuführen und die Dränage (den Wasserabfluss) verbessern.

– **Ein unvollkommener, rissiger Ball:** Ihre Erde besteht aus mittelgroßen Bestandteilen und gehört zur Kategorie der Schluffböden. Dies sind die besten Böden, in die man nicht viel eingreifen muss, die man aber immer noch verbessern kann.

– **Auch bei starkem Pressen ist keine stabile Form möglich:** Ihre Erde ist sandig, also reich an groben Bestandteilen. Es ist eine sehr leicht zu bearbeitende, aber nährstoffarme Erde, die durch Regenfälle ausgewaschen wird. Sie müssen immer reichlich mulchen.

Hecken pflanzen

Dies ist die erste Pflanzung, die Sie einplanen sollten, wenn Sie sich in Ihrem Garten an die Arbeit machen wollen. Eine Hecke hält den Wind ab und schützt vor Blicken, schafft aber vor allem ein günstigeres Klima für die Bepflanzung.

1. UMGRABEN
Wenden Sie die Erde, um sie zu belüften. Entfernen Sie dabei das Unkraut. Graben Sie mindestens 50 cm breit und 40 cm tief.

2. BODEN VERBESSERN
Reichern Sie den Boden mit einem Bodenverbesserer an, der zersetzte organische Stoffe liefert: z. B. mit reifem Kompost, reifem Mist oder handelsüblichem Bodenverbesserer.

3. MULCHEN
Bedecken Sie den bearbeiteten Teil mit einem Bio- oder Öko-Mulchvlies (Unkrautvlies). Wollen Sie organischen Mulch verwenden, dürfen Sie ihn erst nach dem Pflanzen verteilen.

4. VORBEREITEN
Machen Sie einen kreuzförmigen Einschnitt in das Mulchvlies. Graben Sie an dieser Stelle ein Loch, das breit und tief genug ist, um den Wurzelballen der Pflanzen aufzunehmen.

5. EINSETZEN
Die Heckenpflanzen werden in das Loch gesetzt, indem Sie sie durch das Loch im Vlies schieben – den Topf natürlich vorher entfernen! Drücken Sie die Ränder fest an.

WISSENSWERT

- Rechnen Sie für eine Hecke aus Sträuchern mit 1 Pflanze pro 60 cm.

- Mischen Sie ruhig unterschiedliche Arten. Das ist ökologisch gesehen besser und bei Problemen geht nicht gleich die ganze Reihe zugrunde.

- Zwei bis drei Jahre sind nötig, bis eine vollkommene Wand entsteht. Schneiden Sie bereits vom ersten Jahr an, um eine dichte Hecke zu erhalten, sonst verkahlt sie von unten herauf, sobald sie in die Höhe wächst.

Für eine vereinfachte Pflege siehe Seite 72.

6. GIESSEN

Gießen Sie so viel Wasser ein, dass sich die Erde um die Wurzeln der einzelnen Pflanzen herum von selbst setzt, also etwa 5–10 l pro Pflanze.

Gemischte Hecken

Eine Hecke dient nicht nur der Begrenzung des Grundstücks, man kann von ihr noch viel mehr erwarten. Genauer gesagt soll sie schön sein, Ernte liefern oder der verbündeten Tierwelt des Gartens Schutz bieten.

BEDROHTER LEBENSRAUM

Naturnahe gemischte Hecken sind Nahrungs- und Brutplatz, Deckung und Winterquartier für viele Tiere. Nicht zu unterschätzen ist auch die Kohlenstoffspeicherung einer Hecke (z. T. fast so viel wie in einem Wald). Leider gingen in der Vergangenheit die Hecken in der Agrarlandschaft drastisch zurück. Dieser Prozess konnte zwar durch Naturschutzmaßnahmen aufgehalten werden, aber die Probleme im Zusammenhang mit Erosion und dem Verlust von Rückzugsräumen für Wildtiere bleiben weiterhin bestehen.

ES GIBT HECKEN UND HECKEN

Die Breite (Tiefe) einer Hecke als Abgrenzung eines Grundstücks reicht von kaum 50 cm bis hin zu mehreren Metern. Das liegt nicht am Unterschied zwischen gut gepflegten und eher verwilderten Hecken, sondern hängt mit der Geschichte der Nutzung und Gestaltung zusammen. Für eine Hecke, die lediglich als Sichtschutz dienen soll, ist eine große Breite nicht erforderlich. Zudem genügt eine einzige Art, wobei bevorzugt immergrüne Arten gewählt werden. Eine Mischung aus mehreren Arten ist aber viel sinnvoller, denn eine gemischte Hecke ist widerstandsfähiger gegen Krankheiten, wenn eine der Arten befallen wird.

DEKORATIVE HECKE

Eine Hecke, die dekorativ sein soll, z. B. durch ihre Blütenpracht, braucht mehr Platz. Denn die Sträucher, aus denen sie besteht, müssen in der Lage sein, ihre Blüten zu entwickeln. Solch eine Hecke sollte mindestens 80 cm breit sein, und auch hier ist es besser, mehrere Arten zu kombinieren. Sie können klassische Frühjahrsblüher (Forsythie, Zierjohannisbeere usw.) oder kleinere Sträucher (Zistrosen, wie oben, Rosmarin, Johanniskraut usw.) verwenden.

LEBENDIG UND ATTRAKTIV

OBSTHECKE

Obsthecken benötigen viel Platz. Eine Hecke aus Apfelbäumen und anderen Obstbäumen sollte mindestens 4 m breit (tief) sein, wodurch sie sich nur für große Grundstücke eignet. Die Bäume müssen sich ausbreiten können und dürfen vor allem nicht zu sehr miteinander konkurrieren. Von allen Heckenarten ist diese zweifellos am schwierigsten zu kultivieren. Denn man muss sie sanft schneiden, nicht etwa mit einer Heckenschere. Nussfrüchte wie Haselnuss, Walnuss oder Kastanie sind in dieser Hinsicht am einfachsten zu pflegen.

HECKE AUS FELDGEHÖLZEN

Die einfachste und billigste Art von Hecke ist die Hecke aus Feldgehölzen. Häufig besteht sie aus einheimischen Arten, die sehr günstig oder sogar kostenlos erhältlich sind, wenn es Programme zur Neuanpflanzung von Hecken gibt. Rechnen Sie mit einer Breite von mindestens 1,50 m. Um einen dichteren Effekt zu erzielen, pflanzen Sie in zwei Reihen und versetzt. Schlehe und Weißdorn gehören fast immer dazu. Sie lassen sich leicht zurückschneiden (ein Mal alle 2 Jahre genügt).

WEITERE HECKEN

Nicht nur mit klassischen Sträuchern, sondern auch mit Rosen (wie oben), Gräsern oder Bambus sind fast alle Arten von Hecken denkbar. Wählen Sie Arten, die nicht zu stark austreiben und die mindestens einen jährlichen Rückschnitt vertragen. Beim Bambus wären das beispielsweise *Fargesia*-Arten, die in kompakten Büscheln wachsen. Sie können auch eine Kletterpflanze auf einem stabilen Gerüst emporwachsen lassen. Bedenken Sie aber, dass viele Kletterpflanzen im Winter unbelaubt sind.

Rasenecke

Große und modern gestaltete Gärten haben oft ausgedehnte Rasenflächen. Steht aber nicht so viel Platz zur Verfügung, fällt der Rasen meist klein aus. Mit einer solchen Rasenecke hat man aber trotzdem noch genug zu tun.

SÄEN ODER ABWARTEN?

Die Aussaat eines Rasens ist nur auf einer nackten Fläche nötig, zum Beispiel bei neu errichteten Häusern. Dort muss man den Boden vorbereiten, damit ein ebener Grund entsteht, und dann eine Rasensaatmischung ausbringen. Nach 3 Monaten ist der Rasen einwandfrei und man kann ihn vorsichtig betreten. Manchmal genügt es aber auch, die von selbst aufgegangene Vegetation zu mähen, und man erreicht dadurch nach 1–2 Jahren eine ebenso dichte Decke. Nach 10 Jahren sieht der durch Mähen entstandene Rasen fast so aus wie ein eingesäter Rasen.

WISSENSWERTES

Je häufiger man einen Rasen mäht, desto gleichmäßiger wird der Aufwuchs, ohne irgendwelche unschöne Stellen. Mähroboter sind heute stark im Trend, doch müssen sie gewartet werden – sie machen auch nicht alles von allein!
Bei der Anlage benötigt man umso mehr Zeit, je komplizierter der Umriss der Rasenfläche ist, weil Einfassungen angebracht werden müssen.

DEN RASEN AUFFRISCHEN

1. VORBEREITUNG
Stellen Sie zu gleichen Teilen eine Mischung aus Sand und Kompost (vom Komposthaufen) her. Dazu können Sie sogar einen Betonmischer verwenden – aber kein Wasser zugeben!

2. AUSSTREUEN
Werfen Sie diese Mischung mit der Schaufel auf beschädigte oder dünn gewordene Rasenstellen. Rechnen Sie mit mindestens 2 l pro Quadratmeter. Man muss nicht genau arbeiten, einfach nur grob verteilen.

3. EINEBNEN
Verteilen Sie die Mischung mit einem groben, festen Besen, sodass sie gleichmäßig und tief zwischen die Halme fällt. Wenn nötig kreuz und quer kehren, dann neu wachsen lassen.

KOMPOSTERDE AUSBRINGEN
Das Hauptproblem bei Rasenflächen ist Moosbildung oder das Entstehen kahler Stellen. Hier gibt es nur ein Heilmittel: ein Topping aus Komposterde. Dadurch erhält die Rasendecke eine Verjüngungskur.

Wege anlegen

Durchgänge und Wege sind im Garten wichtig, weil sie letztlich darüber entscheiden, ob man bequem umhergehen kann. Egal ob wohlüberlegt oder nicht, ein Weg kann kaum Arbeit machen oder viel Pflege erfordern.

FEST ODER NICHT FEST?

Wege lassen sich in vielen Formen gestalten. Man unterscheidet in erster Linie zwei Typen, zwischen denen man wählen sollte:

Befestigte Wege haben eine harte Decke, die sich kaum verändert, z. B. Beton, Pflastersteine, Holz. Sie erfordern aber aufwendige Vorarbeiten.

Unbefestigte Wege werden aus Schüttgut gestaltet. Sie sind kostengünstiger und rascher fertig, erfordern aber mehr Pflege. In den Materialien sammeln sich Staub und Pflanzenreste, worin unerwünschte Kräuter keimen. Man muss das Material lockern und Unkraut jäten, damit sich keine Pflanzendecke bilden kann.

ÜBLICHES BAUMATERIAL FÜR WEGE

MATERIAL	VORTEILE	NACHTEILE
RINDE, HOLZHÄCKSEL	ökonomisch, leicht zu verarbeiten	muss alle 2–3 Jahre erneuert werden
BETON	langlebig	kostspielig, manchmal kompliziert zu verarbeiten
SCHOTTER, KIES	einfach zu verteilen	wird rasch verunreinigt
SCHERBEN (Z.B. TONZIEGEL)	sehr ökonomisch	nicht sehr alltagstauglich
PFLASTERSTEINE, ZIEGEL	langlebig, ästhetisch	am kostspieligsten, Verlegung zeitaufwendig

EIN EINFACHER WEG IN DREI SCHRITTEN

1. AUSHEBEN

Heben Sie den Boden mindestens 1 m breit und 10 cm tief aus. Der Grund des Grabens muss nicht besonders gleichmäßig, dafür aber gut verdichtet sein.

2. AUSKLEIDEN

Bedecken Sie die Innenseiten des Grabens mit einer qualitativ hochwertigen Mulchfolie. Befestigen Sie diese an den Rändern mit Brettern, damit sie sich nicht verschiebt.

3. FÜLLEN

Befüllen Sie den Graben mit dem Material Ihrer Wahl. Verteilen Sie es schichtweise, wobei Sie zwischendurch verdichten. Befestigen Sie die Ränder gut.

BESSER NICHT

Trittplatten im japanischen Stil: Sehen anfangs hübsch aus, werden aber vom Rand her von Gras überwachsen. **Weg aus unregelmäßigen Platten:** Wird unkomfortabel, sodass man schließlich neben dem Weg läuft.

Bewässerung

Wasser ist Leben, aber morgen verursacht es Krieg! Wenn Sie die Ressource und die Nutzung optimieren, denken Sie langfristig. Und Sie schonen den Rücken sowie den Geldbeutel.

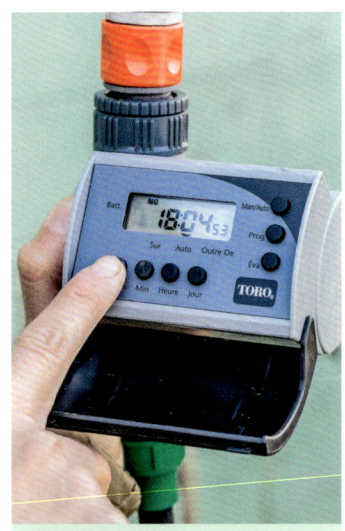

AUTOMATISCHE BEWÄSSERUNG

Planen Sie eine automatische Bewässerungsanlage ein. Anders als man vermuten könnte, lässt sich dadurch Wasser sparen, weil die Bewässerung zeitlich begrenzt und gut dosierbar ist: weder zu viel, noch zu wenig.

REGENTONNE
Die Vorteile des Sammelns von Regenwasser muss man kaum mehr erklären. Planen Sie aber in großen Dimensionen, weil sich die Speicher rasch leeren. Denken Sie an das Verhältnis von Speichermenge und Wasserpreis pro Liter oder Kubikmeter. Ein geschlossenes System ist schon wegen der Stechmücken zu bevorzugen. Nützlich oder dekorativ, die Ausführung ist egal, solange der Preis im Verhältnis zur Speicherkapazität stimmt.

GARTENTEICH – ALS WASSERSPEICHER UNGEEIGNET
Ein Teich ist hübsch, aber unpraktisch. Im Sommer müsste man ihn leeren, um das Gemüse zu gießen, und die Wasserpflanzen würden leiden. Man muss eine Stelle tief ausheben und dort dann eine Pumpe installieren. Nicht zu vergessen, dass man wegen der dekorativen Gestaltung des Bassins eine flache Uferzone etwa 10–20 cm unter der Wasseroberfläche anlegen muss, um dort Uferpflanzen zu setzen. Kurzum, ein Teich ist ein Teich und kein Wasserspeicher.

WAS MAN UNBEDINGT BEHERRSCHEN MUSS

OPTIMIERTE BEWÄSSERUNG
Pflanzen Sie durstige Kulturen wie großblättrige Gemüse so, dass sie zwischen 11 und 17 Uhr Schatten haben. Oder denken Sie daran, die sonnenhungrigen Kulturen wie Bohnen südlich von den durstigsten Pflanzen wie beispielsweise Kopfsalat zu setzen. Und setzen Sie andere wasserzehrende Kulturen dazwischen. Radieschen, Kopfsalat, Tomaten und Zucchini nützt es immens, wenn sie zusammen angebaut werden. Dieser Tricks bedient man sich nicht wegen dekorativer Aspekte, trotzdem kann das Ergebnis auch ein Augenschmaus sein (siehe Foto oben).

EINEN GIEßRAND ANLEGEN

Beim Pflanzen eines Gehölzes häuft man im Abstand von etwa 50 cm rund um den Stamm einen 5–10 cm hohen Rand an, der als kleiner Deich dient. Im Herbst wird er eingeebnet.

GUTER ZEITPUNKT

Wässern Sie abends, damit das Wasser den maximalen Nutzen für die Kulturen hat. So verdunstet weniger davon. Gießen Sie den Boden am Fuß der Pflanze, nicht das Blattwerk, dadurch vermeiden Sie Pilzerkrankungen.

Trockenheitsverträgliche Pflanzen

Unter den dekorativen Pflanzen gibt es eine umfangreiche Palette von Arten, die nicht ständig Wasser brauchen. Sie haben hier lediglich die Qual der Wahl aus Hunderten von Möglichkeiten. Hier finden Sie einige unserer Favoriten.

AKANTHUS
Über ausgreifendem Laub ragen fast 1 m hohe Blütenstände auf. Die Pflanze liebt etwas Schatten und neigt zum Wuchern.

KNOLLEN-BRANDKRAUT
Dieser Strauch ähnelt dem Salbei, verströmt jedoch keinen Geruch. Er blüht üppig im Juni, manchmal auch später noch. Vollsonniger Standort.

CURRYPFLANZE
Eine Strohblumenart, die nach Curry duftet. Der kleine Busch hat silbrige Blätter, man schneidet ihn ein Mal im Jahr (im Spätwinter) zurück.

FETTHENNE
Zu den Gattungen *Sedum* oder *Hylotelephium* gehörende Dickblattgewächse. Fetthennen gedeihen auch in ganz wenig Erde.

GOLD-GARBE
Die gelben Dolden blühen wochenlang. Die Pflanze bildet ein kompaktes Büschel und hat ein intensives Aroma, das man entweder mag oder verabscheut!

HEILIGENKRAUT
Bildet je nach Sorte hübsche
bläulich graue oder grüne
Kissen. Das Laub duftet aroma-
tisch und die Blüte ist hübsch.
Schnitt im April.

INDIGOPFLANZE
Dieser Halbstrauch mit gefie-
dertem Blatt blüht im Sommer
dunkelviolett. Er wird bis zu
2 m hoch und wuchert nicht.

RASSELBLUME
Diese Verwandte der Korn-
blume wird kaum 50 cm hoch
und trägt den ganzen Sommer
hindurch intensiv blaue Blüten.
Karge Böden und volle Sonne.

ZWERGROSEN
Unter den Rosen sind insbeson-
dere die sehr klein wachsenden
bis 1 m Höhe sehr trockenheits-
verträglich. Im Spätwinter auf
25 cm einkürzen.

ECHTER SALBEI
Diese Heilpflanze eignet sich
wunderbar als Blume in einem
Beet. Es gibt großblättrige oder
purpurne Sorten, die nicht so
stark blühen.

STRAUCH-SCHNECKENKLEE
Ein kaum bekannter Busch, der
kleine kleeförmige Blätter und
dunkelgelbe Blüten besitzt.
Ähnelt der Kronwicke. Kein
Schnitt.

Permakultur und Pflanzengemeinschaft

Permakultur, die in aller Munde ist, zählt zu den allumfassenden Gartenkonzepten. Sie eignet sich eher für Menschen, die schon etwas Erfahrung haben und ihren Anbau verbessern wollen. Beherrscht man das Konzept, hat es viele Vorteile.

DIE PHILOSOPHIE

Ursprünglich wurde die Permakultur durch das System des Waldes inspiriert. Die natürliche Waldflora bildet ein stabiles, autonomes Ökosystem, das nicht gepflegt werden muss. Man versuchte, es zu imitieren, um einen Garten zu erschaffen, in dem man möglichst wenig eingreift, aber maximal erntet. Ein Garten mit Permakultur ist quasi eine Art „Gartenwald". Permakultur zielt auf die Produktion von Obst und Gemüse (teils auch Fleisch) ab und nicht auf Zierde. Man darf aber auch hier keinesfalls volle Apfelkörbe erwarten, wenn man sich nur entspannt zurücklehnt!

À-LA-CARTE

Für einen Permakultur-Garten gibt es kein allgemein gültiges Patentrezept, egal was man darüber hört. Permakultur basiert auf einigen Grundprinzipien, die man so gut wie möglich anzuwenden versucht, was sich nicht immer einfach gestaltet. Als Grundgedanke lässt man die Kräfte der Natur ans Ruder, indem man Pflanzen vergesellschaftet, sodass der höchste Nutzen entsteht. Bei klassischen Kulturen dagegen gleicht man Ungleichgewichte durch Düngergaben und Pflanzenschutzmittel aus.

SEHR PRODUKTIV

MEHR ALS BIO

Im biologischen Anbau versucht man die Pflanzen ohne künstliche Pestizide zu kultivieren, das ist ein Qualitätsmerkmal. Bei der Permakultur baut man gesund und dabei möglichst ertragreich an. Es wird aber auch das Zusammenleben mit beachtet, indem man die Ernte und die Saaten teilt. Kurzum handelt man so, als ob der eigene Garten nicht am Zaun endet, sondern uns mit anderen verbindet.

GRUNDGEDANKEN DER PERMAKULTUR

Energie speichern: In Form von organischem Material (z. B. Kompost aus dem Garten) führt man dem Boden zu, was er braucht.

Keine blanke Erdoberfläche: Der Boden wird immer mit einer Schicht organischen Materials bedeckt, wie im Wald.

Der Boden wird nicht vom Menschen „bearbeitet": Das machen die Bodenlebenwesen. Einzige Ausnahme sind sehr harte, amorphe Böden, die man zur Aktivierung des Bodenlebens anfangs aufbricht.

Einkäufe einschränken: Einkaufen bedeutet Energiezufuhr von außen. Vermeidet man das, spart man auch unnötigen Schnickschnack ein.

Maximale Wiederverwertung: Alles, was kompostierbar ist, wird vor Ort umgewandelt, was fast zu einem geschlossenen Kreislauf führt. Manchmal geht es sogar bis hin zu Trocken-Trenntoiletten und deren Kompostierung.

Dichter, gemischter Anbau: Große Gemüsearten schützen die kleinen vor der Sonne, Obstbäume dienen als Rankgerüst für kletterndes Beerenobst wie Kiwi oder Brombeere usw.

Wildtiere sind als Mitbewohner willkommen: Unterschlupf, Nistkästen, Teiche und Wildblumen fördern das Leben der Kleinfauna, auf die man sich als Helfer gegen Schädlinge und bei der Befruchtung der Blüten verlässt.

Bodenbedeckung

Man kann den Boden mit den unterschiedlichsten Materialien bedecken. Dafür verwendet man zwei Kategorien, die nicht ganz dem selben Zweck dienen: organische und anorganische Stoffe. Bei Verwendung von organischen Stoffen spricht man auch vom Mulchen.

DAMIT ES WIRKT

Man muss einige Regeln beachten, damit man den organischen Mulch nicht vergeblich ausbringt. Es handelt sich nicht um Vorschriften, sondern um Empfehlungen, die man je nach Bodenart oder vorhandenem Mulch anpassen sollte.
Halten Sie sich an eine Schichtstärke von mindestens 5 cm. Bei weniger Mulch ist der Boden nicht ausreichend bedeckt und das Unkraut kann fröhlich wuchern. Theoretisch gibt es keine Maximalhöhe. Bei lehmigen Böden sollten Sie aber nicht mehr als 10–15 cm ausbringen, weil der Boden darunter sonst erstickt.

Der Mulch wird direkt auf dem Erdboden verteilt, vorher empfiehlt sich aber das Unkrautjäten. Wenn der Boden stark verdichtet und ausgezehrt ist, können Sie ihn mit der Grabegabel vorher lockern.
Erneuern Sie den Mulch mindestens ein Mal im Jahr. Sollte der Mulch sich nicht zersetzen, gibt es ein Problem, wie beispielsweise bei trockenem Häckselgut, das den Boden und die Planzungen auszehrt. Normalerweise wird fast jeder Mulch innerhalb eines Jahres von einem gut durchlüfteten Boden aufgenommen, gelegentlich auch schneller.

WIRKLICH EINFACHER MIT ALS OHNE!

ORGANISCHER MULCH

Pappe, Laub, Stroh, Pellets aus Lein oder Hanf sowie Schafwolle zählen zum organischen Mulch. Alle Materialien schützen vor Austrocknung und geben zusätzlich Nährstoffe an den Boden ab. Allerdings muss man regelmäßig nachlegen, denn das organische Material zersetzt sich mit der Zeit und verschwindet.

ANORGANISCHE BEDECKUNG

Diese zersetzt sich nicht. Kunststofffolien und Schotter sieht man leider viel zu oft in unseren Gärten. Anfangs wird Unkraut unterdrückt, später siedelt es sich in der Mulchschicht an und erhöht den Pflegeaufwand. Natürliche Kreisläufe werden gestört.

HOLZHÄCKSEL

Wenn man Äste durch den Häcksler schiebt, erhält man einen qualitativ hochwertigen Mulch. Besteht der Mulch aus belaubten Ästen, dann kann man ihn direkt verwenden. Wenn der Mulch jedoch zu trocken oder zu holzhaltig ist, sollte man ihn mindestens 18 Monate unter einer Folie zersetzen lassen, die das Häckselgut feucht hält. Dann entsteht ein feines Netz aus günstigen Pilzen. Ohne diesen Reifungsprozess würde das Häckselgut den Pflanzen mehrere Monate lang den Stickstoff entziehen und sie auszehren.

MULCH AUS DEM HANDEL

Dieser Mulch hat den Nachteil, dass er etwas mehr kostet als selbst hergestellter. Allerdings wird er in praktischer Form angeboten, auch als Pellets oder Granulat. Bei kleinen Flächen wie Mini-Gemüsegärten ist diese Ware perfekt. Mit einem Sack kann man etwa 1–2 m² bedecken.

Wie Kompost gelingt

Kompost ist nach üblicher Definition das Zersetzungsprodukt aus organischen, zumeist pflanzlichen Stoffen. Das Material hat viele positive Eigenschaften, weil es gleichzeitig Dünger und Verbesserung für alle Arten von Böden ist. Und es lässt sich massenhaft herstellen.

WELCHES LAUB?

Alle herabgefallenen Laubsorten lassen sich kompostieren, selbst die mit schlechtem Ruf wie Platane, Eiche oder Walnuss. Die härtesten Blätter sollten gehäckselt werden, z. B. mit Hilfe des Rasenmähers. In dieser Form kann man sie auch als Mulch verwenden.

EINE FRAGE DER ZEIT

Jeder Haufen organischen Materials ersetzt sich irgendwann zu Kompost. Die Geschwindigkeit der Zersetzung hängt jedoch von der Stückchengröße der Abfälle und der Belüftung ab. Organisches Material, das nicht zerkleinert wurde, zersetzt sich innerhalb von 3 Jahren. Die für die Zersetzung zuständigen Organismen müssen das Material selbst zerkleinern, wenn das noch nicht geschehen ist, und dazu brauchen sie mehr Zeit. Die Belüftung sorgt dafür, dass die Kompostierung ohne zu gären abläuft. Gären ist synonym für Gestank und matschige Textur. Denken Sie also daran, die Gartenabfälle fein zu zerkleinern oder sie zu häckseln. Dann durchmischen Sie den Komposthaufen mindestens ein Mal im Monat, um den Zersetzungsprozess zu beschleunigen.

ES KANN NICHTS SCHIEFGEHEN

FÜNF DINGE, DIE NICHT AUF DEN KOMPOST GEHÖREN ...

1. **Katzenstreu von einem mit Wurmkur behandelten Tier** enthalten Substanzen, die den Kompostwürmern schaden.
2. **Knochen** zersetzen sich nicht. Geben Sie die Knochen in den Restmüll.
3. **Holz mit Farbanstrich** enthält Schadstoffe.
4. **Beschichtetes oder buntes Papier** setzt ebenfalls schädliche Stoffe frei.
5. **Muschelschalen** haben keinerlei Wert als Dünger und zersetzen sich nicht.

... UND FÜNF DINGE, DIE GUT FÜR DEN KOMPOST SIND

1. **Holzasche**, maximal 1 kg pro Zugabe, gut untermischen.
2. **Frische Unkräuter** ohne Samen und Erde.
3. **Eierkartons** ohne jegliche Aufkleber.
4. **Rasenschnitt**, untermischen oder in Schichten von maximal 5 cm Höhe.
5. **Reste aus dem Gemüseanbau**, selbst kranke, weil die Infektionsgefahr quasi nicht besteht.

GAR ODER NICHT GAR?

Kompost ist gar, also verwendungsreif, wenn man die ursprünglichen Bestandteile nicht mehr als solche erkennen kann. Bei harten, nicht zerkleinerten Zweigen kann es bis zum fertigen Kompost mehr als 2 Jahre dauern. Umgekehrt ist der Kompost schon nach 6 Monaten reif, wenn die Gartenabfälle gehäckselt waren und der Haufen regelmäßig gewendet wurde. Sobald der Kompost reif ist, behält er seine Eigenschaften, aber bei Regen können die Nährstoffe ausgeschwemmt werden.

BEHÄLTER

Wenn Sie einen kleinen Garten haben, kaufen Sie am besten ein Fertigprodukt. Allerdings kann man bei diesen Kompostern den Haufen nicht gut wenden. Sie können auch selbst einen Kompostbehälter bauen. Das dauert zwar länger, aber er ist praktischer und meist schöner.

Ein gern besuchter Garten

Machen Sie Ihren Garten gastfreundlicher für das wilde Leben. Dann haben Sie nicht nur etwas zu schauen, auch die Kulturen sind besser vor starkem Befall gefeit. Eine echte Win-Win-Situation!

UND DIE BLUMENWIESE?

Sie ist hübsch, macht aber Arbeit, weil man die Mischung alljährlich nachsäen muss. Bei der Neuanlage einer Fläche ist sie eine gute Lösung für das erste Jahr, oder auch für die Stelle, wo Sie künftig nur ein oder zweimal jährlich mähen wollen.

PFLANZEN SIE EINEN BAUM

Das ist ein Element, das dem Garten Struktur gibt, im Sommer für Schatten sorgt und die Fauna fördert. Glauben Sie nicht, dass das lange dauert: Manche Bäume wachsen 2 m pro Jahr.
Und falls Sie nicht genug Platz für einen Baum haben, versuchen Sie es trotzdem mit einem groß wachsenden Strauch, z. B. einem Zierapfel 'Evereste' oder einem Holunder.

MÄHEN SIE WENIGER

Ein Gräserquadrat, das Sie nur zweimal im Jahr (im Spätsommer und gegen Ende des Winters) mähen, ist nicht weniger gepflegt als ein regelmäßig gemähter Rasen. Ganz im Gegenteil, dort werden sich Wildblumen entwickeln und auf kalkhaltigen Böden sogar Orchideen. Und das alles zur großen Freude von Schmetterlingen und anderen Bestäubern.

MEHR NATUR

STRÄUCHER-VIELFALT

Klammern Sie sich nicht an einen einzigen Strauchertyp und pflanzen Sie diesen nicht nur in Hecken sondern auch zwischen Blumen, wo Sträucher dekorative Kulissen bilden. Von *Abelia* bis *Zanthoxylum* (Nepal-Pfeffer) haben Sie die Wahl unter Tausenden von Arten.

ÜPPIGE BLÜTE

Nicht nur die Kulisse wird attraktiver, sondern auch die Kulturen sind durch einen vielfältig blühenden Garten besser geschützt, ganz besonders im Gemüsegarten. Und wenn Sie Schmetterlingen und Bienen etwas Gutes tun möchten, wählen Sie bevorzugt Pflanzen mit ungefüllten, eher kleinen Blüten aus.

DIE WILDE ECKE

Das ist eine Stelle im Garten, wo man möglichst wenig Hand anlegt und die Wildkräuter ungestört wachsen dürfen. Mischen Sie für einen hübschen Anblick einige blühende Stauden wie lokal wachsende Blumen darunter. Mähen Sie die Stelle nicht, räumen Sie sie aber einmal im Jahr (im Winter) auf.

AN DIE UMWELT DENKEN

Je nach Lage des Gartens zwischen Häusern, Hochhäusern, in Wald- oder Feldnähe, kommen unterschiedliche Tierarten vorbei. Bieten Sie ihnen einen verlockenden Garten an und damit einen Lebensraum.

Hilfe für die Tierwelt

In den letzten Jahren lässt sich zum Glück ein Hang zu stärker belebten Gärten feststellen. Das geht manchmal sogar so weit, dass eine Rückkehr der natürlichen Flora in den Garten gefördert wird. Die Entscheidung liegt bei Ihnen, doch eines ist gewiss: Unsere Tierwelt braucht jede erdenkliche Hilfe.

TOTHOLZ

Was man in einer Gartenecke z. B. unter Sträuchern zum Zersetzen liegen lässt, ernährt jede Menge Kleintiere, deren zahlreiche Arten sehr effizient und unauffällig arbeiten. Der langsame Zerfallsprozess nährt auch den Boden. Je größer Ihre ungestörte Ecke mit Totholz ist, umso besser.

NISTKÄSTEN FÜR VÖGEL

Dass es den Vögeln so schlecht geht, liegt auch am Fehlen von Nistplätzen. Und je mehr Vögel vorhanden sind, desto weniger Raupen gibt es im Frühling! Zögern Sie nicht, verschiedene Ausführungen von Kästen aufzuhängen, alle im Halbschatten mit Ausrichtung nach Süden. Modelle aus Holzbeton sind oftmals von sehr guter Qualität.

FUTTERSPENDER

Die Fütterung von Vögeln wird mittlerweile von den meisten Naturschutzvereinigungen empfohlen, sogar die Sommerfütterung. Damit alle Vögel etwas davon haben, sollte man je nach Art der Flieger mehrere verschiedene Futterstellen platzieren, z. B. für Körnerfresser oder Weichfutterfresser.

MEHR VIELFALT

INSEKTENHOTELS

Sie sind ein Spaß für die Kinder, doch der Nutzen der Insektenhotels für die Tierwelt ist etwas eingeschränkt, weil nur eine geringe Zahl an Arten darin Unterschlupf findet. Bambusröhren und angebohrte Holzscheite sind bei den friedlichen Solitärbienen sehr gesucht.

TEICH

Eine kleine Wasserstelle erlebt schon in wenigen Tagen die ersten Besucher. Mit einer gewissen Tiefe (1 m) und einigen dekorativen Pflanzen wird aus dem Teich eine echte Oase. Am schwierigsten ist es, das Loch auszuheben. Egal ob gemauert, mit Folie ausgekleidet oder ein vorgeformtes Becken, die Bauart hat kaum einen Einfluss – das Leben zieht immer ein.

HAUFEN UND STAPEL

Holz oder Steine, Äste oder Laub, derartige Aufhäufungen bieten einer Vielzahl von Tieren Schutz. Setzen Sie die Haufen keinesfalls im Winter um. Am besten schichtet man einen Haufen auf, den man dann vollkommen in Ruhe lässt, z. B. in Form eines Mäuerchens.

Gesunder Garten

Seit dem Verbot des Einsatzes von Pestiziden im Garten stellt sich die Frage nach radikalen Behandlungsmethoden nicht mehr. Nun braucht man sanfte Mittel zur Behandlung und muss sich Zeit dazu nehmen.

VOR ALLEM PRÄVENTION

Um die Probleme klein zu halten, sollte man jegliche Risiken vermeiden: Setzen Sie Pflanzen keinesfalls an ungeeignete Standorte und dosieren Sie die Wassergaben gut. Lavendel z. B. nicht in den Schatten, Kartoffeln (links) nicht in regenreichen Regionen pflanzen, Tomaten im Kübel nicht zu viel gießen, weil sie sonst Mehltau bekommen (oben), Clematis nicht in trockenen Böden und Schmucklilien nicht in kalten Regionen kultivieren, um nur einige Beispiele zu nennen.

TAGTÄGLICH

Entscheidend für einen gesunden Garten ist die tägliche Beobachtung. Ein Problem lässt sich leichter sofort bekämpfen, als wenn man die Verschlechterung der Symptome abwartet. Denken Sie aber nicht, dass der erste Fleck auf einem Blatt schon ein Anzeichen für eine Krankheit wäre. Bei uns sind Kopfschmerzen ja auch nicht zwangsläufig ein Symptom für einen Tumor! Man sollte also nicht in Panik verfallen. Manche Zeichen sind beunruhigend, andere aber nicht.

HILFERUF DER PFLANZEN

ERSTE HILFE

Sobald eine Krankheit oder ein Schädling beginnt sich festzusetzen, sollten Sie den befallenen Pflanzenteil entfernen und vernichten. Gleichzeitig muss aber auch die Schwere und die Bedrohung abgeschätzt werden, was meist einige Recherchen im Internet erfordert. Dadurch wissen Sie aber, womit Sie es zu tun haben und können die passende Maßnahme ergreifen. Etwa 95 % aller Probleme sind auf einige wenige Gartenplagen zurückzuführen: Krankheiten verursachende Pilze, Raupen und Schnecken.

PALETTE DER MITTELCHEN

Die Zeiten eines einzigen Allheilmittels aus der Flasche sind vorbei. Heute gibt es für jedes bedeutende Problem im Garten eine speziell abgestimmte Lösung. Das heißt, dass man zuerst das Problem identifizieren muss (was nicht immer einfach ist) und dann das Heilmittel zum Einsatz bringen, entweder aus dem Handel oder „hausgemacht". Die Bandbreite der Mittel ist glücklicherweise groß und vielfältig. Sie reicht von selbst gemachten Jauchen bis hin zum Einsatz von Nützlingen, die man auf die Schädlinge loslässt, oder Fallen wie Lockstoff-Fallen (Pheromon-Fallen).

DIE DETAILS PLANEN & GESTALTEN

Sie werden sich sicher mehr als ein Mal an Ihrem selbst geschaffenen grünen Rückzugsort erfreuen. Die Gestaltung erfordert allerdings etwas mehr Fingerspitzengefühl als etwa die Anlage eines Gemüsegartens. Von der Entscheidung für eine Stilrichtung bis hin zur Inszenierung von Zierelementen will alles gut durchdacht werden. Es gibt jedoch einige einfache Regeln, die uns ohne Kopfzerbrechen und größere Fehler zum Ziel führen. Halten Sie sich an den folgenden Leitfaden und Sie werden bald Ihr eigenes kleines Paradies haben!

Auswahl des Stils

Es ist einfacher, einen Garten zu planen, wenn man sich schon am Anfang für einen speziellen Stil entschieden hat. Hier gibt es für jeden Geschmack oder jeden Geldbeutel etwas Geeignetes. Natürlich sehen Sie hier nur Empfehlungen, die Sie nach eigener Vorstellung abwandeln können.

MEDITATIV ODER ZEN

Rein, ohne leer zu sein – dieser Stil erhält seine Inspiration meist aus dem japanischen Garten. Elemente aus Stein sind hier sehr präsent und der Bewuchs ist sorgfältig getrimmt. Es gibt kaum Blüten, an denen man den Lauf der Jahreszeiten sehen könnte.

MEDITERRAN

Dieser Stil ist charakterisiert durch immergrüne Pflanzen, von denen viele graulaubig sind. Der Garten ist nicht besonders blütenreich. Stattdessen ist er durch klare Wege, regelmäßig geschnittene Sträucher und eine Formenvielfalt sehr strukturiert. Er eignet sich bei trockenen, steinigen oder kargen Böden. Hier sieht man südfranzösische Zypressen und geschnittene Sträucher wie Rosmarin, Buchs und Ölweide.

KLASSISCH-ÜPPIG

Hier findet man zahlreiche Blütenstauden, die in Beeten dekorativ zusammen platziert werden. Dazwischen mischen sich Sträucher. Bei diesem Stil werden auch kurzlebige Sommerblumen eingesetzt, die üppig wachsen und kaum Pflege brauchen. Aber Achtung: Diese Einfachheit kann schwer zu kontrollieren sein. Hier sieht man Astern, Fetthenne (Sedum) und andere mehrjährige blühende Stauden.

JE NACH GESCHMACK!

NATURNAH

Das ist ein sehr lässiger Stil, bei dem viele Gräser und einfache Blumen ohne jeglichen Schnickschnack verwendet werden. Solche Gärten sind leicht zu pflegen, sehen im Winter aber vielleicht etwas traurig aus. Der Stil lässt sich schlecht auf kleine Flächen anwenden – man braucht Raum, um etwas davon zu haben. Hier sind mehrjährige Storchschnabel- und Ziestarten (*Geranium, Stachys*) zu sehen.

FORMAL & MODERN

Hier dreht sich die Planung nicht so stark um die Pflanze selbst, sondern sie dient dazu, die Architektur zu betonen. Die Anpflanzungen sind daher oft regelmäßig angelegt und die Palette der Arten ist reduziert. Allerdings wählt man die Arten sehr sorgfältig aus, um Farbeffekte durch das Laub, weniger durch die Blüten zu schaffen. Hier sieht man Neuseeland-Flachs (*Phormium*), Seggen (*Carex*) und Lorbeer.

EXOTISCH

Hier entsteht tropische Stimmung durch XXL-Pflanzen: riesige Blätter, ausgefallene oder grellfarbige Blüten. Da der üppige Effekt durch die Blattmasse entsteht, muss man dicht pflanzen. Der Stil eignet sich besonders für eine abgeschiedene, kleine Ecke. Bei der Pflanzenauswahl sollten Stauden wie der Echte Alant (*Inula helenium*) oder Kletterpflanzen wie das Wald-Geißblatt (*Lonicera periclymenum*) mit großen Blättern und bunten Blüten bevorzugt werden.

Pflanzungen planen

Das Aussehen des Gartens basiert auf der Art und Weise, wie Sie die Pflanzungen zusammenstellen. Es gibt verschiedene Methoden, doch nichts ist trostloser als verstreute zusammenhanglose Pflanzungen, die sich in einer Fläche verlieren.

STRUKTURIERUNG

Sie sollten Pflanzenarten verschiedener Wuchshöhen auswählen, um unterschiedliche Lagen zu erreichen. Wie bei einem Gruppenfoto platzieren Sie die Kleinen vorne, die Mittleren dahinter und die Großen im Hintergrund. Sie können eine höhere Pflanze zwischen die kleinen setzen, um sie hervorzuheben – ähnlich wie früher, als sich der Lehrer auf dem Klassenfoto immer in den Vordergrund drängte! Hier auf dem Bild (links) sieht man Katzenminze (*Nepeta*) und Grasnelken (*Armeria*).

BUNT ODER TON IN TON?

Wie es gefällt! Wenn Sie bunte Farben lieben, dann nehmen Sie Blumen oder buntes Laub. Doch Sie müssen sich entscheiden: Entweder pflanzen Sie Ton in Ton oder aber vielfarbig. Letzteres ist einfacher, weil Sie sich nicht auf die Suche nach Sorten mit der passenden Farbe machen müssen wie bei Ton in Ton abgestimmten Pflanzungen. Hier die Kombination von Inkalilien (*Alstroemeria*) und Eselsdisteln (*Onopordon*).

DIE OPTIMALE KOMPOSITION

KOMBINATION VON FORMEN

Eine weitere Voraussetzung für gelungene Beetbepflanzungen ist die Auswahl verschiedener Wuchsformen. Suchen Sie Pflanzen aus, die Volumen geben, z. B. Gräser, und dazu kommen Strukturpflanzen, die eine ordentliche Form haben. Die einen heben die Qualität der anderen hervor. Hier sieht man Prachtkerzen (*Gaura*) und Reitgras (*Calamagrostis*).

FÜNF FEHLER, DIE MAN VERMEIDEN SOLLTE

Der einzig gute Geschmack ist Ihr eigener. Allerdings gibt es einige enttäuschende Konzeptionen, die seelen- und farblos bleiben, weil Fehler gemacht wurden. Lernen Sie hier die häufigsten Fehler kennen.

1. Inseln im Rasen: Ein Hingucker inmitten einer grünen Fläche ist selten eine gute Idee, es sei denn der Anblick ist bedeutend und dreidimensional. Falls nicht, verstellt die Pflanzung nur den Blick und erschwert die Pflege.

2. Verstreute Sträucher: Einer hier, einer dort und die gestalterische Verbindung dazwischen fehlt. Nebeneinander gelegte Lebensmittel sind auch kein Gericht. Das gilt ebenso für den Garten.

3. Falsch eingeschätzte Mengen: Zu große Lücken zwischen den Pflanzen, die sich nie schließen werden (außer durch Unkrautbewuchs), oder mickrig kleine Beete sehen unschön aus.

4. Ungepflegte Formen: Wenn Sie Formen lieben, dann müssen Sie mindestens zweimal jährlich schneiden. Andernfalls wirken die vernachlässigten Pflanzen ungepflegt und nicht einmal mehr natürlich.

5. Nicht-Eingreifen: Pflanzen werden mit der Zeit zu hoch, andere verschwinden. Wenn man nicht alles fortwährend im Gleichgewicht hält, wird es unförmig und man sieht, dass alles außer Kontrolle geraten ist.

Beete anlegen

Eine Ecke beleben, das Haus hervorheben oder eine Szenerie vor einer Hecke erschaffen – ein hübsches Beet zieht immer den Blick auf sich. Das Rezept zur Anlage eines Beets ist einfach und zudem immer gleich.

1. UMRISSE FESTLEGEN

Nehmen Sie einen Garten-schlauch oder eine Schnur bzw. Leine zuhilfe, die Sie auf den Boden legen. Damit markieren Sie den Umriss des Beetes und können nach Geschmack aus-probieren und variieren.

2. BODEN VORBEREITEN

Entfernen Sie den Bewuchs von der künftigen Pflanzflä-che, belüften Sie den Boden beispielsweise mittels einer Grabegabel. Verbessern Sie den Boden mit Kompost. Zerbröseln Sie die Erde. Nun können Sie die Beeteinfassung setzen.

3. PFLANZEN PLATZIEREN

Stellen Sie die Pflanzen dort auf den Boden, wo sie im Beet eingesetzt werden sollen. Bedenken Sie den Raum, den jede Pflanze braucht. Richten Sie alles passend und je nach Kontur des Beets aus.

4. EINPFLANZEN

Setzen Sie eine Pflanze nach der anderen ein. Wenn Sie vorher alle Schritte richtig gemacht haben, dann geht das ganz schnell. Man muss nur ein aus-reichend großes Loch für den Wurzelballen graben.

5. BODEN MULCHEN

Bedecken Sie den nackten Boden zwischen den Pflanzen mit einer Mulchschicht wie Laub, Stroh oder Rasenschnitt (siehe Seite 30). Zwischen März und Oktober sollten Sie anfangs wässern.

6. PFLEGEN UND KONTROLLIEREN

Jäten Sie zwischen den Pflanzen, denn das Unkraut beginnt schon einen Tag nach der Pflanzung zu wachsen! Entfernen Sie Verblühtes und schneiden Sie Pflanzen zurück, die üppiger wachsen als gedacht. Das Beet entwickelt sich.

WISSENSWERT

• Ein Beet lässt sich im Lauf der Zeit vergrößern, indem man die vorigen Schritte wiederholt.

• Gut gepflegt kann ein Beet Dutzende Jahre gedeihen. Doch sollte man immer nachpflanzen, denn durchschnittlich 10 % der Pflanzen sterben jährlich ab.

Beeteinfassungen

Sie markieren den Übergang von der Rasenfläche zum Beet. Man könnte sie mit dem Eye-liner oder einem Bilderrahmen vergleichen. Sie sind mehr als ein einfaches Detail, denn sie dienen dazu, dass man sich an betonte Elemente erinnert.

EINFASSUNGEN ANBRINGEN

Während Recycling-Lösungen wie Tonziegel oder Baumstämme sich durch teilweises Eingraben einfach platzieren lassen, ist bei Lösungen aus dem Gartenhandel etwas mehr Vorbereitung nötig. Meist braucht man stabilisierende Bauteile wie z. B. Metallspieße. Sie dienen dazu, die Beeteinfassungen senkrecht zu halten oder die Elemente zu verbinden. Man sollte auch die zuverlässigen Lösungen von den Modellen minderer Qualität unterscheiden. Gute Modelle sind mit einem stabilen Sicherungsmechanismus ausgestattet, der nicht aus Plastik oder biegsamem Metall gefertigt ist. Vorsicht bei komplizierten Mechanismen, die wegen brüchiger oder nicht witterungsbeständiger Bauteile schnell defekt sind.

GEFLOCHTEN

Natürlich und schnell aufgebaut, sorgt dieses Modell für einen mittelalterlichen Look. Dafür werden biegsame Zweige zwischen Pfosten eingeflochten. Mit etwas Geduld und vielen Zweigen von Weide oder Haselnuss kann man diese Begrenzung selbst anfertigen, oder man kauft fertige Elemente im Handel. Der einzige Nachteil sind die Unkräuter, die sich zwischen das Geflecht schieben und die man entfernen muss.

TONZIEGEL

Dieses Material aus der Dachziegel-Entsorgung kostet nichts und ist für einen ländlichen Stil perfekt geeignet, weil es für Lokalkolorit und Retro-Look sorgt. Sie können die Ziegel aufstellen oder auf den Boden legen, je nach Modell. Wenn Sie sie aufrecht stellen wollen, graben Sie sie der besseren Standfestigkeit halber zur Hälfte ein. Behalten Sie einige Ziegel zur Reserve, weil immer wieder mal einer zerbrechen wird, sei es beim Rasenmähen oder bei der Gartenpflege.

EIN WICHTIGES DETAIL

RUNDHÖLZER

Auf der Seite liegend und halb eingegraben, sind Stämme sehr günstig. Birkenstämme wie oben im Bild sehen hübsch aus, überdauern aber kaum länger als 3–4 Jahre. Diese Art der Beeteinfassung ist natur-nah und eher rustikal, sie passt nicht zu jedem Gartenstil. Im Naturgarten oder in länd-lich-bäuerlichen Gärten wirken solche Einfassungen stimmig, im formal-modernen oder gar im Zen-Garten passen sie nicht.

BRETTER

Aus Holz oder wie oben im Bild aus Metall gefertigte Platten bilden eine sehr ordentliche und diskrete Begrenzung. Corten-Stahl ist gerade sehr in Mode. Die Bretter oder Platten sollten nur 5–10 cm über das Bodenniveau herausragen. Wählen Sie diese Lösung am besten in zeitgenössischen oder linear gestalteten Gärten. Die Variante ist praktisch, je nach Material aber oft kostspie-lig. Manche Materialien halten lebenslang, andere nur einige Jahre.

PFLANZEN

Hier die natürlichste Lösung mit niedrig wachsenden, kompakten Pflanzen (im Bild Storchschnabel). Man muss sie ein wenig pflegen und der Übergang zum Rasen sollte regelmäßig mit einem Trimmer gestaltet werden. Wichtig ist es, die Pflanzen gut auszuwählen und von Vornherein eine ausrei-chende Menge einzuplanen.

Natürlich wirkende Pflanzung

Damit man einen Garten weniger pflegen muss und er nicht so künstlich aussieht, gibt es einige einfache Tricks. Man sollte sie aber nicht überstrapazieren, weil die Kräfte der Natur manchmal übermächtig werden können. Gut dosiert, verleiht der Naturzuschnitt dem Garten mehr Seele und man hat weniger Arbeit.

PFLANZEN FÜR DEN NOTFALL

Diese überschüssigen Pflanzen vertragen es, lange im Topf zu warten, und sind bei Problemen jederzeit bereit, eine Lücke zu füllen. Kandidaten hierfür sind saisonale Blumen wie Schmuckkörbchen oder Ringelblumen, mehrjährige Stauden wie Fetthenne und Storchschnabel oder auch Pflanzen mit üppigem Laub wie Purpurglöckchen oder Beinwell.

BODENDECKER NUTZEN
Wenn der Boden nicht blank liegen, sondern abgedeckt werden soll, ist es am besten, dies den Pflanzen zu überlassen. Bodendecker breiten sich wie Teppiche aus und wachsen nicht in die Höhe, wobei die Arten sich auch miteinander verweben. Setzen Sie sie zum Schluss, durchaus auch zwischen langjährig bestehende Pflanzungen. Hier im Bild werden Lilientrauben (*Liriope*) gepflanzt.

WUCHERNDE ARTEN
Pflanzen, die sich ausbreiten, sind oft robuster als Unkraut und sorgen für ein Bild, das natürlicher nicht sein könnte. Allerdings kann sich dieses Merkmal auch negativ auswirken, weil aggressiv wachsende Arten ein Beet oder eine Gartenecke rasch überwuchern und sogar in der freien Natur zum Problem werden können. Ein besonders übles Beispiel ist der Staudenknöterich (im Bild oben). Auch Federmohn (*Macleaya*) oder China-Schilf (*Miscanthus*) neigen zum Wuchern.

WENIGER AUFWAND

MEHR SELBSTAUSSAAT

Geben Sie den Gartenpflanzen die Chance, sich von selbst auszusäen (im Bild aufgelaufene Garten-Alpenveilchen neben einer Mutterpflanze). Ziehen Sie nur die ungünstig platzierten Pflänzchen heraus oder diejenigen, die andere Pflanzen zu ersticken drohen. Pflanzen, die sich durch Selbstaussaat ausbreiten, fühlen sich in dem jeweiligen Gartenboden sehr wohl und gedeihen gut. Dieses Phänomen wird als Naturalisation bezeichnet.

ETAGENWEISE VEGETATION

In der Natur findet man an einer Stelle stets unterschiedliche Vegetationslagen, etwa auf einer Lichtung im Wald. Ahmen Sie diesen Effekt im Garten nach und beschränken Sie sich dabei nicht auf mehrjährige Stauden, was man häufig sieht. Ergänzen Sie Ihre Pflanzenauswahl um Sträucher und Kletterpflanzen.

FÜLLPFLANZEN

Dabei handelt es sich um Pflanzen, welche die Zwischenräume zwischen anderen Pflanzen ausfüllen, ohne sie zu ersticken oder ihnen die Schau zu stehlen. Manche Arten zählen gleichzeitig zu den Bodendeckern, doch manche Füllpflanzen wachsen auch höher auf. Sie haben oft feine Triebe und winzige, aber zahlreiche Blüten wie z. B. das Schleierkraut, das wie ein feiner Nebel wirkt.

Erfolgreiche Pflanzung

Das Anwachsen einer Pflanze hängt von wenigen, jedoch wichtigen Faktoren ab. Man sollte sie im Kopf haben, damit man sich eine Enttäuschung in den Monaten nach dem Auspflanzen spart. Bedenken Sie jedoch, dass für einen hübschen Garten die Art der Gestaltung wichtiger ist als die Pflanztechnik.

1. VORBEREITUNG

Vor dem Pflanzen muss der Ballen aus dem Topf gezogen werden. Wenn der Wurzelballen nicht mehr feucht ist, tauchen Sie ihn eine halbe Stunde in Wasser. Lockern Sie die Wurzeln und zupfen Sie sie etwas ausein- ander. Pflanzen mit sehr feinem Wurzelwerk, die ein kompaktes „Knäuel" gebildet haben, können auf drei Seiten des Ballens eingeschnitten werden. Dadurch wird die Pflanze angeregt, neue Wurzeln zu bilden.

2. PFLANZLOCH

Heben Sie ein Loch aus, das etwas größer als der Ballen ist. Verbessern Sie die Erde mit Kompost. Schütten Sie keinen Schotter oder Kies auf den Boden eines Pflanzlochs!

3. EINSETZEN

Stellen Sie die Pflanze in das Loch und halten Sie sich an das Bodenniveau. Der Ballen darf niemals über das Bodenniveau ragen. Rundum wieder verfüllen.

4. WÄSSERN

Gießen Sie reichlich, sodass die Erde eingeschwemmt wird und die Pflanze genügend Reserve hat. Fügen Sie weitere Erde hinzu, wenn der Ballen sichtbar werden sollte.

WISSENSWERT

Muss man die Erde um die Wurzel verdichten? Probierfreudige Gärtner und Gärtnerinnen drücken den Boden weder von Hand noch mit dem Fuß fest. Das Gießen sorgt für Verdichtung. Wenn Sie jedoch keine Zeit oder Möglichkeit zum Gießen haben, dann sollten Sie den Boden leicht andrücken. Wenn Sie die Erde nicht andrücken, entstehen um den Ballen Luftlöcher. Dort können sich die Wurzeln nicht entwickeln. Die Pflanze wurzelt schlecht an und reagiert wesentlich sensibler auf Wassermangel, wenn die Sommerhitze einsetzt.

5. FERTIGSTELLUNG

Verteilen Sie um den Fuß der Neupflanzung etwas Mulch (entfällt bei Pflanzung mit Folienabdeckung). In den meisten Fällen genügt eine Lage von 5 cm Stärke.

Im Handumdrehen

Das Auspflanzen einer kleinen Blütenstaude, die man im Plastiktopf gekauft hat, ist ziemlich einfach. Pflanzen, die beim Kauf wesentlich teurer waren, sollte man aber etwas mehr umsorgen.

1. EIN TIEFES LOCH GRABEN
Kletterpflanzen suchen die Feuchtigkeit in der Tiefe. Sie haben lange Wurzeln und werden oft in hohen, schmalen Töpfen angeboten – ein Zeichen dafür, dass man ein tiefes Loch graben muss.

2. TRIEB AUSRICHTEN
Ist eine Kletterpflanze wie andere Pflanzen auch an Ort und Stelle platziert, muss der Trieb zur Rankhilfe, hier eine Treillage, ausgerichtet werden. Kippen Sie dazu auch den Ballen.

3. STÄMMCHEN MULCHEN
Zum Abschluss verteilen Sie eine Lage organischen Mulch wie z. B. Rinde. Kletterpflanzen lieben es, den Kopf in die Sonnen zu recken und die Füße schön beschattet zu haben, so sagt es schon ein altes Garten-Sprichwort.

4. BODENNIVEAU BEACHTEN
Bei wurzelnackten Pflanzen legen Sie sich eine ebene Markierung auf den Boden und richten die Pflanzen mit dem Wurzelhals (verdickte Partie über der Wurzel) daran aus. Heben Sie das Loch so groß aus, dass die Wurzeln locker hineinpassen.

5. MATSCH-TAUCHBAD
Traditionell taucht man nackte Wurzeln in einen mit Kompost angereicherten Matsch, um sie zu umhüllen und dadurch das Anwurzeln zu erleichtern. Diese alte, etwas schmutzige Technik hat nichts an Aktualität verloren.

6. BÄUME PFLANZEN, KEIN PROBLEM!

Graben und lockern Sie ein tiefes Loch für ein großes Erdvolumen. Binden Sie den jungen Baum an eine Stütze. Im Sommer gießen, während der ersten 3 Jahre mindestens alle 10 Tage.

WURZELNACKTE PFLANZEN

Einige Pflanzenarten werden von November bis März ohne Erde in den Handel gebracht. Dabei handelt es sich meistens um Rosen, die man bei Baumschulen erwirbt, oder um Obstbäume. Wurzelnackte Pflanzen sind kostengünstiger und wachsen genauso gut an, sofern kein Sandboden vorliegt.

Was man vermeiden sollte

Es ist zwar nicht schwierig, einen hübschen Garten anzulegen, dennoch gibt es einige Stolperfallen. Nicht alle sind schwerwiegend, aber einige führen zu herben Enttäuschungen, die man vermeiden kann – wir wollen doch schließlich von unseren Anstrengungen profitieren.

HÜTEN SIE SICH VOR ...

... Spontankäufen! Oft kann man sich nicht bremsen und dann wandert die eine oder andere Pflanze in den Korb, deren Reizen wir nicht widerstehen können. Schlimmstenfalls haben wir gar nicht den passenden Standort im Garten oder es gibt schlicht keinen Platz mehr. Planen Sie lieber bewusst, was genau Sie brauchen, das führt meist zum besseren Ergebnis.

VORSTELLUNG VON EINEM FERTIGEN BILD

Hat man ein Beet neu angelegt, sollte man nicht dem Irrtum verfallen, dass alles ewig so bleiben wird, denn jedes Jahr werden 10 % der Pflanzen absterben. Man muss also regelmäßig jeden Flecken im Garten im Blick haben, Pflanzen ersetzen, entfernen oder hinzufügen. Sie werden bemerken, dass man dafür eine Leidenschaft entwickelt!

IMMER NUR IM HERBST PFLANZEN

Es heißt, dass man Gehölze nur im Oktober und November pflanzen sollte, damit sie gut anwurzeln. Das galt tatsächlich zu der Zeit, als alle Pflanzen nur wurzelnackt verkauft wurden. Heutzutage kann man so ziemlich jede Pflanze getopft kaufen und dadurch fast das ganze Jahr hindurch pflanzen. Nur sehr kälteempfindliche Arten setzt man ausschließlich in der warmen Jahreszeit.

FATALE KLASSIKER

ZU SPÄRLICH PFLANZEN

Aus Kostengründen oder weil man sich auf die Kraft der Natur verlässt, neigt man am Anfang oftmals dazu, eine zu geringe Menge an Pflanzen für eine bestimmte Fläche zu setzen. Die auf Abstand stehenden Pflanzen müssen häufiger gejätet werden oder der Mulch am Boden ist gut sichtbar, zudem sind sie empfindlicher bei schlechtem Wetter.

KLETTERPFLANZEN

Selbst elastische Triebe können knicken und die Partie hinter dem Knick könnte absterben. Beim Setzen sollte man also vorsichtig mit den Kletterpflanzen umgehen.

NUR AN DIE BLÜTEN DENKEN

Man stellt sich ja auch kein Gericht vor, bei dem nur Fleisch oder nur Nudeln ohne Soße oder Gemüse auf den Tisch kommt. Bei einer dekorativen Ecke im Garten ist es ähnlich. Pflanzen mit dekorativem Laub oder Bodendecker oder gar diejenigen, die nur zu einem bestimmten Zeitpunkt im Jahr dekorativ aussehen, bilden erst zusammen ein für das Auge attraktives Bild. Alles ist eine Frage der Menge, wie auf einem angerichteten Teller!

ZU GROSSE EXEMPLARE PFLANZEN

Große Pflanzen sind verlockend, weil sie ihre Wirkung unmittelbar entfalten. Erstes Problem ist der Preis, da man oft das Zwei- bis Dreifache im Vergleich zu einer kleinen Pflanze zahlt. Zweitens wachsen die großen Pflanzen nicht so gut an und am Ende erreicht eine Jungpflanze rasch die gleiche Größe. Es wäre also billiger gewesen und das Anwuchsrisiko wäre geringer ausgefallen.

Saisonale Arbeiten

Einen Garten schön zu halten, heißt ihn zu pflegen. Das geschieht durch kleine Eingriffe. Je eher man sich daran macht, desto weniger Zeit nimmt die Pflege in Anspruch. Lassen Sie sich nicht von Problemen überraschen, sondern planen Sie in jeder Jahreszeit ein wenig Zeit ein.

RÜCKSCHNITT

Das geschieht vor allem zwischen Ende Februar und Anfang Juni. Man schneidet, um Hecken oder Sträucher einzukürzen, um den Austrieb neuer Zweige oder Blüten zu fördern usw. Dabei gibt es zwei verbreitete Fehler: alles auf die gleiche Weise schneiden oder aus Angst vor falschem Schnitt gar nicht schneiden, was noch schlimmer ist. Nur ganz wenige Pflanzen sterben, weil man sie geschnitten hat, trauen Sie sich!

AUSPUTZEN

Das Ausputzen ist ein einfacher Schnitt, bei dem man Verblühtes, abgestorbene Zweige oder welke Blätter herausnimmt. Er erfolgt bei Bedarf und dazu ein Mal am Ende des Winters.

PFLANZEN

Man kann das ganze Jahr hindurch pflanzen. Vor allem wird aber im Frühling und Herbst gepflanzt. Manche Arten kann man nur in einem einzigen Zeitfenster ausbringen, z. B. die Tulpen nur von September bis November.

GIESSEN

Es ist nicht unbedingt nötig, gut angewachsene Pflanzen zu gießen. Wenn die Möglichkeit zum Gießen besteht, bleiben Beete aber durch leichte Bewässerung zwischen Mai und September besser in Form.

JÄTEN

Unerwünschte Kräuter wachsen das ganze Jahr. Planen Sie daher etwas Zeit ein, um sie auf dem Höhepunkt ihres Wuchses zwischen April und Juni zu entfernen, wenn der Boden es erlaubt.

UND AUSSERDEM

- **Umpflanzen:** Das Umsetzen von Pflanzen sollte erfolgen, wenn sie ruhen, also meistens zwischen November und März. Graben Sie dazu die störende oder nicht ideal platzierte Pflanze mit einem großen Ballen Erde aus und setzen Sie sie an einer anderen Stelle wieder ein.

- **Ersatz:** Dabei wird einfach eine Pflanze an der Stelle einer abgestorbenen oder untauglichen Pflanze nachgepflanzt. Sie können das jederzeit durchführen, sofern Sie nur eine Regel beachten: Niemals dieselbe Art an denselben Platz setzen.

- **Schutz:** Ist oft dringlich nötig, weil verschiedene Gefahren lauern. Versehen Sie kälteempfindliche Pflanzen schon vor dem Frost im November mit Schutzhüllen gegen die Kälte. Gegen Schnecken verteilen Sie Granulat, sobald es kühl und feucht wird, meist zwischen März und Juni und im Herbst.

Warum schneiden?

Diese sowohl einfache als auch rasch erledigte Arbeit gehört neben dem Jäten zu den häufigsten im Garten. Ohne unser Eingreifen würden die größten Pflanzen nach Belieben wachsen, was nicht immer unseren Vorstellungen entspricht. Bäume und Sträucher sind wahre Bilder und der Schnitt macht sie erhaben.

FORMGEBUNG

Egal ob es sich um einen großen Strauch oder einen Baum handelt, er wird schöner, wenn man die Ausbildung der Silhouette unterstützt. Dazu werden vor allem Austriebe am Stamm entfernt, außerdem die Wurzelschösslinge (es sei denn die Art wächst buschig). In der Natur geschieht das durch Schattenwurf benachbarter Pflanzen, im Garten muss man sich aber selbst darum kümmern.

PFLEGE

Bei Gehölzen sterben immer wieder Äste ab, z. B. durch Verletzungen, Krankheiten oder weil sie nicht genügend vom Baum oder Strauch versorgt werden. Verliert er weniger als 10 % des Geästs, besteht kein Grund zur Sorge. Erfrorene Äste können ab März herausgenommen werden. Schneiden Sie die betroffenen Äste komplett ab und desinfizieren Sie gleich danach die Astschere.

ÄSTHETISCH UND GESUND

DIE GRÖSSE ERHALTEN

Wachsen ist prima, aber zu viel Austrieb wird zum Problem. Halten Sie den Wuchs der Sträucher im Zaum, sobald sie die gewünschte Fülle erreicht haben, indem Sie die Äste kürzen, wenn sich neue Triebe bilden. Verwenden Sie dazu die Gartenschere. Mit der Astschere gelingt es nicht immer hübsch und mit der Heckenschere kann es in ein Massaker ausarten. Hier werden oft Fehler gemacht.

RÜCKSCHNITT

Manchmal muss man einen zu groß gewachsenen Strauch auf eine vernünftige Größe zurücknehmen. Schneiden Sie dafür die Äste direkt an einer Gabelung zurück und lassen Sie nur einen der zwei Äste stehen. Der günstigste Zeitpunkt dafür ist der Spätwinter, oder unmittelbar nach der Blüte, wenn die Art just zu dieser Zeit dekorativ blüht. Ein derartiger Rückschnitt erfolgt höchsten ein Mal im Jahr, meist sogar seltener.

ZIERSCHNITT

Um die Silhouette von besonders geschnittenen Sträuchern, wie etwa Formschnitten, zu erhalten, müssen Sie mehrmals im Jahr Hand anlegen: mindestens ein Mal im Frühling und ein Mal im Spätsommer oder Herbst. Je komplizierter die Form, desto mehr Zeit benötigt man für die Pflege. Wer nicht viel Zeit hat, sollte nur wenige solcher Exemplare besitzen.

AUSLICHTEN – GUT FÜR ALTE STRÄUCHER

Machen Sie einen alten Busch wieder interessant, indem Sie die kurzen Zweige, die sich im Kern gegenseitig behindern, herausschneiden. Kappen Sie die Zweige an der Basis. Entfernen Sie auch Ästchen mit wenig Laub und überhängende Zweige. Ein derartiger Schnitt erfolgt in der schönen Jahreszeit, damit man das Ergebnis besser erkennen kann. In den meisten Fällen muss man nur alle 5 Jahre auslichten.

Stauden pflegen

Stauden sind Pflanzen, die nicht verholzen und jedes Jahr wieder austreiben. Sie gehören in jeden Ziergarten. Und es ist normal, dass sie hin und wieder etwas Pflege brauchen.

VERMEIDBARER FEHLER

Auch beim Entfernen geschädigten Laubs, können Fehler passieren. Schneiden Sie ein Blatt nicht in der Mitte ab. Entfernen Sie es ganz, sofern mehr als die Hälfte der Fläche nicht mehr grün sein sollte. Wenn Sie in ein grünes Blatt schneiden, tritt lediglich das gleiche Problem wieder auf und Sie schwächen nur die Pflanze.

REGELMÄSSIG AUSPUTZEN

Entfernen Sie welke Blüten von Stauden, die über eine lange Zeit hinweg neu Blütenknospen entwickeln. Tun Sie das nicht, erhält die Pflanze das Signal, dass ihr Vegetationszyklus (nach dem Fruchten) abgeschlossen ist und sie wird keine weiteren Blüten bilden. Welke Blüten von Rosen und Taglilien muss man mindestens ein Mal wöchentlich absammeln.

NÖTIGENFALLS UMPFLANZEN

Wenn eine Pflanze stört oder nicht am geeigneten Standort steht und darunter leidet, dann pflanzt man um. Dazu gräbt man den gesamten Wurzelballen aus, indem man einen Spaten oder eine Gabel darunterschiebt. Wenn das Wurzelbündel dick ist, braucht man Kraft. Aber glauben Sie mir, man muss Pflanzen nur höchst selten auf diese Weise umsetzen. Der beste Zeitpunkt für diesen Einsatz liegt am Ende des Winters, wenn die Vegetation wieder in Schwung kommt.

KLEINE EINGRIFFE

EINMAL JÄHRLICH ZURÜCK-SCHNEIDEN

Kappen Sie alte, trockene Stängel wenige Zentimeter über dem Boden, bevor sich neue Triebe bilden. So vermeiden Sie, dass die neuen Triebe inmitten der alten wachsen und ungepflegt aussehen. Achtung, dieser komplette Schnitt entfällt bei immergrünen Pflanzen wie ausdauernden Christrosen oder Taglilien. Hier muss man den Moment abpassen, wenn die jungen Triebe kommen, also etwa im Februar-März.

MANCHMAL TEILEN

Durch Teilen erhält man mehr Pflanzen und alte Büschel werden verjüngt. Im Frühling wird der Wurzelstock mit Hilfe eines Spatens oder einer Gabel ausgegraben. Dann den Wurzelbüschel in drei oder vier Teile brechen. Wenn es nicht reicht, daran zu ziehen, schneiden Sie den Stock mit einem Messer auseinander. Das funktioniert nicht bei Pflanzen, die nur eine einzelne kompakte Wurzel-(knolle) haben, z. B. Prachtkerzen. Teilen Sie Wurzelballen nicht bei ungünstiger Witterung wie Hitze oder starkem Frost, also eher im Frühling oder Herbst.

AUSBREITUNG NÖTIGENFALLS EINDÄMMEN

Wuchernde Stauden beanspruchen mit jedem Jahr mehr Platz. Reißen Sie neue Triebe aus, sobald die Pflanze die gewünschte Größe erreicht hat. Mit einem stabilen Werkzeug wie einer Pflanzschaufel oder einem Unkrautstecher entfernen Sie Wurzelausläufer. Dann entsorgen, verschenken oder umpflanzen, Letzteres verursacht Ihnen aber weitere Mühe ... Die Ausbreitung lässt sich jederzeit eindämmen, wenn der Boden weich und einfach zu bearbeiten ist.

Kletterpflanzen schneiden

Mit ihren biegsamen und weichen Trieben erfordern Kletterpflanzen nicht gerade große Muskelkraft. Aber der üppige Wuchs bedeutet, dass man sie in Schach halten sollte, weil sie sonst durchaus eine Gartenecke für sich alleine beanspruchen könnten.

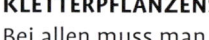

KLETTERPFLANZENSCHNITT

Bei allen muss man etwas Hand anlegen, entweder im Spätwinter bei sommergrünen Pflanzen, wenn sie neue Triebe bilden, oder im Sommer bei den wintergrünen Arten. Schneiden Sie die vertrockneten Partien heraus. Zögern Sie auch nicht, einen Ast an der Basis zu kappen, wenn er in die falsche Richtung wächst, sich nicht anbinden lässt oder wenn schon genügend Zweige vorhanden sind.

AUFBINDEN

Dabei werden die Äste lediglich an der Rankhilfe festgebunden. Verwenden Sie dazu eine elastische, aber stabile Kordel, keinesfalls Metalldraht. Beim Aufbinden können auch überzählige Zweige ausgelichtet werden. Befestigen Sie nie mehrere Triebe einer Kletterpflanze gemeinsam in einem Bündel, weil die Triebe sich gegenseitig behindern und absterben würden. Die Rankhilfe kann etwas länger sein.

DIE DREI JAHRESZEITEN DER GLYZINE

Als eine der am kräftigsten und chaotischsten wachsenden Kletterpflanzen muss diese Art besonders präzise geschnitten werden. Wenn Sie mit der Glyzine (*Wisteria*) zurechtkommen, dann kennen Sie das Geheimnis jeder anderen Kletterpflanze.

Frühling

Wenn die Knospen noch nicht angelegt sind, kann man kaum sagen, wo sich Blüten entwickeln werden. Sobald die Knospen anschwellen, erahnt man die Blütenknospen, sie befinden sich an der Basis der Kurztriebe. Kürzen Sie die Kurztriebe auf wenige Knospen ein (nebenstehendes Foto). Schneiden Sie auch die möglicherweise erfrorenen Zweige zurück.

Sommer

Hemmungslos abschneiden! Kürzen Sie die unzähligen dünnen langen Triebe ein, welche die Pflanze nach allen Richtungen hervorbringt. Schneiden Sie dabei nicht bis auf die Basis zurück, sondern immer auf Höhe des dritten Blatts nach

der Verzweigung. Oft muss man nach 2–3 Wochen nochmals einen Schnitt durchführen. Das gilt übrigens für alle Kletterpflanzen.

Winter

Legen Sie nochmals Hand an, um die großen, feinen Triebe einzukürzen und auch jene zu entfernen, die Sie vorher übersehen haben. Lassen Sie eine Länge von 30 cm stehen. Dabei geht es vor allem darum, die Ranken zu entfernen, die sich um benachbarte Pflanzen schlingen oder die über das Rankgitter hängen. Überprüfen Sie bei dieser Gelegenheit auch die Befestigung. Vergewissern Sie sich außerdem, dass Ihnen die Gesamtform gefällt und korrigieren Sie nötigenfalls etwas.

Nektarreiche Pflanzen

Sie sind der Lieblingsplatz für Bestäuber von der Biene bis zum Schmetterling. Je artenreicher die Fauna des Gartens ist, desto mehr Schutz bietet sie für die Kulturen. Diese Wirkung ist inzwischen vielfach bewiesen. Jede Blütenform hat eines oder mehrere passende Insekten und umgekehrt.

BIENEN – JA, ABER …

Auch wenn ein Honigbienenvolk gerade besonders in ist, gibt es einige Grenzen. Es macht den Wildbienen Konkurrenz, namentlich den Hummeln und Solitärbienen. Ein schlecht gepflegter Bienenschwarm könnte zudem ein Krankheitsherd werden, was bei den professionellen Imkern nicht gut ankommt. Und viele Firmen finanzieren Bienenvölker als Öko-Geschäftsidee („Greenwashing").

LIPPEN- UND SCHMETTER-LINGSBLÜTEN
Sie sind spiegelsymmetrisch und besitzen eine Röhre bzw. einen verborgenen Eingang. Lippenblütler haben eine Ober- und eine Unterlippe, zu ihnen zählen Salbei, Rosmarin, Thymian usw., bei den Schmetterlingsblütlern (z. B. Klee) besteht die Blüte aus Flügel, Fahne und Schiffchen. Diese Blüten locken besonders Bienen und Hummeln an, aber auch Schmetterlinge.

KORBBLÜTLER
Sie bilden einen kleinen „Knopf", auf dem kleinste Insekten und Schmetterlinge rasten können. Zu dieser Gruppe gehören die Compositae (Asteraceae) wie Astern, Margeriten usw., aber auch Edeldisteln wie Mannstreu (Eryngium) sind für die bestäubenden Insekten ein Lieblingsziel.

NICHT NUR WEGEN DES HONIGS!

DOLDIGE BLÜTENSTÄNDE

Sie sind klein, doch zusammen bilden sie eine Art Tisch. Schmetterlinge und Käfer sowie Schwebfliegen, die sich auf den Blütenbesuch spezialisiert haben, sind ihre größten Fans. Man findet in dieser Kategorie die eigentlichen Doldenblütler (Apiaceae, Umbelliferae), z. B. den Fenchel. Aber auch in anderen Familien kommen solche Blütenstände vor, wie z. B. der Holunder beweist.

KUGELFÖRMIGE BLÜTEN-STÄNDE

Mit ihrem runden Kopf locken sie Insekten an, die sich beim Bestäuben festklammern müssen. In dieser Kategorie versammeln sich verschiedenste Arten wie blühender Zierlauch oder die blaue Kugeldistel (*Echinops*) oder die Gärtner-Mimosen (*Acacia dealbata*). Diese Pflanzen eignen sich perfekt für die kleinen, stillen Bestäuber.

GLOCKENFÖRMIGE BLÜTEN

Sie dienen als nächtlicher Unterschlupf für die Bestäuber, die vom Einbruch der Dämmerung überrascht wurden. Manche Insekten fliegen ausschließlich diese Pflanzen an. Oft sind die Blüten sehr dekorativ. Dazu gehören beispielsweise Glockenblumen (*Campanula*) und Fingerhut. Letzterer besitzt giftige Blätter, die Blüten sind aber ungiftig.

MYRIADEN VON BLÜTEN

In dieser letzten Kategorie versammeln sich solch dichte Blütenstände, dass man dazwischen das Laub nicht mehr sieht. Ausnahmslos alle Bestäuber lieben diese Blütenfülle und fliegen sie an, weil die Blüten meistens sehr nektarreich sind. Das gilt beispielsweise für den Feuerdorn und im Allgemeinen für alle kleinblütigen Rosaceae.

Pflanzen für das Wohlbefinden

Man profitiert auf vielerlei Weise von einem natürlichen dekorativen Garten. Dazu gehört auch die Entspannung im eigenen grünen Paradies – vor allem wenn die Saison eher zur Gartenbetrachtung durchs Fenster einlädt, mit einer Tasse in der Hand ...

EIGENER ZAUBERTRANK

Zögern Sie nicht, sich Ihre Kräutertees und Aufgüsse selbst zu brauen, solange Sie sicher sind, dass Sie keine giftigen Pflanzen verwenden. Die Ernte dazu erfolgt bevorzugt morgens im Sommer, wenn kein Tau vorhanden ist. Zu diesem Zeitpunkt sind die Kräuter am aromatischsten. Die Ernte im Garten hat doppelte Vorteile. Sie sind frei von Pestiziden (solange Sie diese nicht verwendet haben) und die Qualität bleibt erhalten, weil die Pflanzen keine langen Lagerungszeiten oder Behandlungen erlebt haben.

ELFEN-KRÄUTERTEE
Im Garten gedeihen viele Pflanzen, die man für einen duftenden und entspannenden Kräutertee ohne weitere Wirkung mischen kann. Für den Kräutertee nimmt man als Grundlage Zitronenverbene und Melissenblätter, die beide ein Viertel bis ein Drittel des Gesamtvolumens ausmachen. Dann fügt man 3–4 Kräuter hinzu, die zur Zitronennote passen, z. B. Fenchel, Lavendel (Blüten, maßvoll verwenden), Minze, Oregano, Rosmarin, Rose (Blütenblätter), Echten Salbei, Holunder (Blüten), Linde, Thymian ... Am Ende gibt man die Blüten einer färbenden Pflanze hinzu: Kornblume, Malve, Ringelblume oder getrocknete Beeren (z. B. die Hagebutten der Heckenrose).

SCHÖN UND GUT

TEE-PFLANZEN

Da der echte Tee aus dem Teestrauch *Camellia sinensis* gewonnen wird, der sich in unserem Klima nicht besonders gut kultivieren lässt und hier einen kaum trinkbaren Tee hervorbringt, greifen wir auf andere Gartengewächse zurück, die sich als Heißgetränk eignen, ohne das im Tee enthaltene stimulierende Teein aufzuweisen. Das gilt für die Tee-Hortensie (auch Buddha-Tee, *Hydrangea serrata* 'Oamacha') oder die kaum bekannte Tee-Chrysantheme. Auch findet man derzeit vielfach das Kraut der Unsterblichkeit (Jiaogulan, botan. *Gynostemma*), eine Pflanze aus China, deren Aufguss leicht süßlich schmeckt und Inhaltsstoffe wie der Ginseng enthält. Der Kretische Tee beinhaltet ausschließlich den stark riechenden Kretischen Diptam (*Origanum dictamnus*, oben links im Bild). Im Gegensatz dazu haben Teerosen keinerlei Nutzen. Ihre Blüte riecht so ähnlich wie die Teeblüte, das ist aber alles.

SPARSAM MIT DEN MARGERITEN!

Nehmen Sie nur wenige Blüten aus der Familie der Margeriten (Asteraceae, Compositae) oder vom Salbei. Viele enthalten tatsächlich Thujon, eine Verbindung, die für den bitteren Geschmack sorgt und außerdem bei Frauen das hormonelle Gleichgewicht stört, wenn Thujon überdosiert ist. Einige Blätter zur Aromatisierung einer Mischung sind normalerweise aber kein Risiko, ebenso wenig wie der Gebrauch in der Küche.

Schön und essbar

Wussten Sie, dass einige unserer beliebtesten blühenden Stauden in Wirklichkeit Nutzgartenpflanzen sind, was ihr Name aber nicht verrät? Kombinieren Sie also Blüte und Speise, indem Sie ihnen einen wichtigeren Platz einräumen.

ERST GEMÜSE, DANN ZIERPFLANZE

Canna und Dahlien wurden nicht wegen der Blüten eingeführt, sondern wegen ihrer fleischigen, essbaren Knollen. Diese Pflanzen bilden tatsächlich unterirdische Teile aus, die man schälen und dann dämpfen oder frittieren kann. Es gibt Formen mit dickerer Wurzel, die für den menschlichen Verzehr gedacht sind. Die dekorativen Züchtungen sind auf kulinarischer Ebene oft enttäuschend.

TAGLILIEN

Sie gehören zu der umfangreichen Kategorie essbarer Blüten. Die knackige, milde Textur macht sie ebenso interessant wie den Feldsalat, solange man die völlig geöffneten Blüten erntet.

BORRETSCH
Seine blauen, sternförmigen Blüten sind dekorativ im Salat und in anderen kalten Gerichten. Gegart ist die Pflanze nicht der Renner. Sie schmeckt nicht besonders intensiv, ist aber etwas knackig.

FUNKIEN
Diese Pflanze mit dekorativem Blatt ist in Japan ein Gemüse. Man verzehrt die jungen Sprosse gegart, ein wenig in der Art von Spargel.

KAPLILIE
Die Kaplilie (*Tulbaghia*) wird im Englischen *society garlic* genannt, „Gesellschafts-Knoblauch", weil sie nicht das strenge Aroma des klassischen Knoblauchs aufweist. Sie wird wie Schnittlauch verwendet.

KAPUZINERKRESSE
Zwar ist die Verwendung der Blüten in der Küche bereits ein Klassiker, doch denkt man selten an die knackigen, nach Kresse schmeckenden Blätter. Frische, junge Früchte eignen sich als Ersatz für Kapern.

RINGELBLUME
Ihre Zungenblüten lassen sich entweder zum Färben eines Gerichts oder Öls verwenden oder um einen Hauch von Frische oder Harz zu geben. Die Laubblätter werden nicht verwendet, weil sie meistens bitter sind.

STIEFMÜTTERCHEN
Egal ob mit großen oder kleinen Blüten, man isst sie roh im Salat oder mischt sie unter Nachspeisen mit kurzer Garzeit (z. B. Cremes).

Vereinfachen

Man kann es sich auch ohne großen Zeitaufwand schön machen, solange man planvoll handelt. Zierpflanzen sind so vielfältig, dass man leicht für jede Situation die richtige Pflanze findet.

REDUZIEREN

Beschränken Sie die Anzahl der pflegeintensiven Pflanzen. Setzen Sie nicht mehr als 5 Zierschnitt-Exemplare oder andere Pflanzen die jährlich geschnitten werden müssen. Machen Sie es beim Rasen und den Rabatten genauso.

AUSWÄHLEN

Machen Sie einen Bogen um Pflanzen, die zur Gesunderhaltung viel geschnitten und gepflegt werden müssen. Ein Beispiel? Buchs, der oft vom Zünsler ruiniert wird. Verwenden Sie Alternativen wie Strauchveronika (oben im Bild *Hebe buxifolia*, der nicht geschnitten wird).

SCHNITT VEREINFACHEN

Wenn Sie die Pflanzen behalten möchten, die regelmäßigen Schnitt brauchen, setzen Sie sie an einen Weg nicht zu weit vom Haus entfernt. Sie werden sicher ein wenig Zeit finden, um sie zu pflegen. Auf jeden Fall fällt es so leichter.

MEHR AUTONOMIE

IN REIHEN

Eine gute Idee zur Gestaltung eines Beetes ohne großen Aufwand ist die Pflanzung in Reihen, wobei jede Reihe aus nicht mehr als einer oder zwei Arten aufgebaut sein sollte. Die Reihen müssen nicht schnurgerade sein, ganz im Gegenteil.

SICH SELBST FORMEND

Es gibt eine Menge Sträucher, die durch die Kräfte der Natur wie eine belebte Skulptur von selbst geformt werden. Darunter finden sich viele Sorten mit gewundenen Stämmen, doch gibt es auch kompakte, schwachwüchsige Formen.

DIE MASSE MACHT'S

Der Garten ist wesentlich einfacher, wenn man sich für Massenpflanzungen entscheidet. Das heißt, Sie setzen viele Individuen derselben Art, anstatt eine Vielzahl unterschiedlicher Arten zu verwenden.

DER GEMÜSEGARTEN

Eigenes Gemüse zu ernten heißt, dass man ganz sicher frische und gesunde Produkte zur Hand hat. Es ist aber auch eine Erfüllung für Jung und Alt, gepaart mit einer Nachhilfestunde in den Naturwissenschaften. Ein Gemüsegarten von heute hat nichts mehr gemein mit den unendlichen Kartoffelreihen von einst. Bühne frei für den Geschmack und für Außergewöhnliches. Kurzum alles, was man nicht in den Ackerfurchen findet.

Eine Gemüseecke anlegen

Gemüseanbau ist eine Abfolge kleiner Handgriffe. Dabei kann man so einiges falsch machen. Beachten Sie daher die folgenden Ratschläge, wenn Sie die Anlage von Gemüsebeeten planen oder schon am Pflanzen sind.

IN DER SONNE

Der Bereich mit den wichtigsten Gemüsen muss jeden Tag mindestens 5 Sonnenstunden haben – natürlich nur, wenn das Wetter gut ist. Achten Sie daher darauf, dass Gebäude und umstehende Bäume im Hochsommer keinen Schatten werfen. Wenn jedoch die Bodenverhältnisse unterschiedlich sind, sollten sie den Flecken mit dem reichhaltigsten Boden auswählen. Bei sandigem Boden ist es schwierig, eine gute Ernte einzufahren, weil man den Boden mehrfach verbessern und häufiger gießen muss. Ohne das Gießen kommt man im Gemüsegarten jedoch nicht aus. Man sollte daher Wasser griffbereit haben, sei es in Form von Leitungswasser oder aus einer Regenwasserzisterne oder -tonne.

WELCHE GRÖSSE?

Rechnen Sie mit 6 m² Fläche um Rohkost zu ernten und einige Gerichte zu kochen. Wenn Sie mehr Ertrag wünschen, auch für einige Konserven und die Ernte im Winter, dann benötigen Sie mindesten 25 m² Gemüsegarten. Um eine vierköpfige Familie zeitweise während des Jahres zu versorgen, rechnet man mindestens 100 m². Komplette Selbstversorgung ist möglich bei einer Fläche von mindestens 1000 m² pro Person.

EIGENES GEMÜSE

FÜNF VERMEIDBARE FEHLER

Boden vernachlässigt: Ein Boden ohne Zugabe von organischem Material ernährt das Gemüse nicht optimal und es wird mickrig (siehe Foto oben)!

Schlechte Standortwahl: Stellen ohne richtigen Zuweg, die unpraktisch sind oder die den schlechteste Boden haben, sind Garanten für einen Fehlschlag.

Zu früh begonnen: Pflanzen sind kälteempfindlicher als man denken mag. Hüten Sie sich vor früh in der Saison angebotenen Pflanzen, sie sollen den Appetit des Gärtners wecken.

Zu dicht gepflanzt: Unterhalb eines bestimmten Abstands (je nach Art von 5 bis 60 cm) machen sich die Gemüse gegenseitig Konkurrenz.

Nicht gejätet: Von unerwünschten Kräutern überwucherte Gemüsepflanzen bringen geringeren Ertrag und werden aufgrund der Schwächung oft stärker von Schädlingen befallen.

UND IM SCHATTEN?

Ohne Sonne können Sie auch ernten, doch der Ertrag ist niedriger und vor allem sind es andere Gemüse. Wählen Sie hier Gemüse mit großen Blättern, welche die geringe Lichtmenge einfangen und verstoffwechseln können, z. B. Salate (Kopfsalat, Rauke, Feldsalat), Rote Bete und Rhabarber. Sie können es auch mit Wurzelgemüse probieren wie Kartoffeln, Kohlrabi und weißen Rübchen, die man jung erntet. Bei Sommergemüse vertragen nur Zucchini diese Bedingungen.

Grundbegriffe

Das Praktische am Gemüse-garten ist der ständige Rückgriff auf immer gleiche Techniken. Sobald Sie damit vertraut sind, müssen Sie sich nur noch aussuchen, was Sie anbauen möchten. Dazu kommt planvolles Handeln und der Blick auf den Kalender.

ZWEI FEHLER BEIM GIEßEN

Blätter begießen: Auch wenn das dem Salat und Kohl egal ist, die Feuchtigkeit auf den Blättern kann bei Tomaten tödlich sein. Vermeiden Sie daher die Dusche von oben, sofern es möglich ist.
Wasserstrahl: Dadurch kommt weniger Wasser an als Sie vermuten, Sie spülen die Wurzeln frei und ruinieren eventuell die Pflanzen. Nur nützlich zur Bekämpfung von Blattläusen.

PFLANZEN

Dieser Arbeitsschritt betrifft alle im Handel gekauften Pflanzen und Ihre eigenen Jungpflanzen, wenn Sie etwas Erfahrung damit haben. Gemüsepflanzen werden gewöhnlich in kleinen Plastiktöpfen angeboten. Wenn der Boden wie eingangs beschrieben vorbereitet ist, geht das Auspflanzen rasch, weil man nur ein ausreichend großes Loch für den Ballen graben muss. Man setzt die Pflanze so tief ein, dass der Ballen von 1 cm Erde bedeckt ist. Immer angießen, damit sich die Erde um den Ballen setzt.

PIKIEREN

Diese Technik benötigen Sie nur bei wurzelnackten Pflänzchen, die man beispielsweise beim Gemüsegärtner gekauft hat. Man nutzt ein Pflanzholz, ein einfaches Werkzeug mit konischer Spitze aus Metall. Man bohrt es in die Erde, setzt eine Pflanze ins Loch – nicht zu tief – und schiebt dann neben der Pflanzstelle das Holz erneut in den Boden, um die Erde an die Wurzeln zu drücken. Reichlich angießen.

IMMER PRAKTISCH

GIESSEN

Ohne Wasser wenig Gemüse. Gemüsekulturen müssen stets Wasser in Wurzelnähe finden. Gießen Sie immer gegen Abend und an der Basis der Pflanzen. Je dichter der Boden mit Mulch bedeckt ist, desto weniger muss man gießen. Salate und Tomaten sind die durstigsten Kulturen. Sie müssen einmal täglich gegossen werden. Kartoffeln und Topinambur brauchen weniger Bewässerung.

AUSDÜNNEN

Wenn nach einer Aussaat die Sämlinge zu dicht stehen, muss ein Teil von ihnen beim Ausdünnen entfernt werden. Dichte Aussaat ist nicht zwangsläufig schlecht, weil bei schlechter Keimung trotzdem ausreichend Pflänzchen hervorgebracht werden. Wenn aber alle Samen aufgehen, behält man nur einen Teil. Das Ausdünnen hängt von der späteren Größe der ausgewachsenen Pflanzen ab, aber man lässt oft eine Pflanze im Abstand von 10 cm stehen. Die überschüssigen Pflänzchen kann man mit dem Pflanzholz pikieren.

ERNTEN

Wie häufig investiert man in eine Kultur und verpasst den Zeitpunkt der Ernte? Das ist ein typischer Fehler, weil man dazu neigt abzuwarten, bis das Gemüse groß gewachsen ist, und es dann nicht rechtzeitig erntet. Manche Gemüsearten sind einfach nicht mehr essbar, wenn sie zu alt geworden sind: Zucchini, Rettich, Auberginen ... Ernten Sie also mehrfach, um das beste Stadium zu entdecken.

Die Fläche vorbereiten

Das Vorbereiten der Erde für die Aussaat oder zum Pflanzen erfordert immer wieder dieselben Handgriffe. Je nach Wettervorhersage, Gartenboden, Werkzeugen usw. kann es mehr oder weniger langwierig und kräftezehrend sein.

1. Unkraut entfernen

Beginnen Sie damit, den Boden „auszuputzen", indem Sie die Unkräuter mit der Wurzel herausziehen. Nehmen Sie dafür ein stabiles Werkzeug, schütteln Sie dann die Erde ab. Dieser Schritt dauert am längsten und macht die Hälfte der Vorbereitungen aus. Wenn Sie früh damit beginnen, können Sie auch mithilfe von Pappkartons entkrauten (siehe Seite 13).

2. Lockern

Belüften Sie die Erde mit einem Gartengerät, das Zinken hat, wie z. B. einer Grabegabel. Es geht nicht darum, die Erde zu wenden, sondern nur darum sie zu lockern. Gehen Sie in die Tiefe, wenn der Boden lehmig ist.

3. Verbessern

Verteilen Sie gut zersetztes organisches Material wie Kompost. Überdosierung ist kaum möglich und Sie können so viel ausbringen wie Sie möchten.

4. Ebnen

Mischen Sie den Kompost mit der Erde und brechen Sie dabei Klumpen auf, ohne den Boden zu verdichten. Nehmen Sie einen Rechen und ziehen Sie alles eben. Eine Klumpengröße von maximal 3 cm genügt zum Säen.

WISSENSWERT

Halten Sie alles sauber!
Während der gesamten Saison haben Sie nur die Wahl zwischen Mulchen und Jäten. Wenn Sie die Erde um die Kulturen unbedeckt lassen, laufen unerwünschte Kräuter auf, die man immer wieder ausreißen muss. Solange sie frisch gekeimt sind, kann man dazu ein scharfes Werkzeug wie Hacke oder Jäthacke nutzen. Später muss man sie einzeln herausziehen. Wenn man sich das Jäten ersparen möchte, muss man von Anfang an einen Vorrat an Mulch einplanen.

Die Kunst der Aussaat

Es gibt eine ganze Menge Gemüse, die man nicht pflanzbereit in Töpfen kaufen kann: Radieschen, Erbsen, Möhren. Außerdem ist das Säen rentabler und meist keine große Wissenschaft. Einzige Voraussetzung: Der Boden muss gut vorbereitet sein.

1. Saatrille

In unkrautfreiem, wie bereits beschrieben vorbereitetem Boden ziehen Sie mit der Spitze eines Handwerkszeugs eine Rille. Im Allgemeinen sollte die Rille 3 cm breit und 2 cm tief sein. Sie können auch den flach auf den Boden gelegten und halb eingedrückten Stiel eines Gartengeräts dazu verwenden.

2. Samen ausbringen

Legen Sie die Samen am Boden der Rille im Abstand von etwa 1 cm aus, der Abstand ist aber je nach Art veränderlich. Verwenden Sie eine Aussaathilfe oder probieren Sie Saatbänder aus.

3. Samen bedecken

Schließen Sie die Rille locker mit der Gartenkralle oder verteilen Sie eine feine Lage Erde, es sollten keinesfalls mehr als 10 mm Erde auf den Samen liegen.

4. Mit der Brause wässern

Feuchten Sie die Erde mit der Brause der Gießkanne oder des Gartenschlauchs so an, dass die Samen nicht wegschwimmen: Achten Sie auf den Druck im Schlauch. Man kann aber auch kurz vor dem Regen aussäen, wenn es kein Unwetter ist.

WISSENSWERT

Nach dem Aufgehen ...
Die meisten Samen keimen nach 10 Tagen, die Möhren und der Feldsalat benötigen eventuell mehr als 2 Wochen. Denken Sie daran, die Pflanzen auszudünnen, sobald sie das dritte oder vierte Blatt bilden.
Halten Sie die Erde ständig feucht, aber nicht so nass wie bei der Aussaat. Beginnen Sie unerwünschte Kräuter zu jäten. Achten Sie bei den Jungpflänzchen auf Schneckenbefall, verteilen Sie Eisenphosphat-Granulat oder Asche. Letztere ist nicht so wirkungsvoll.

Pflanzen selbst ziehen

Das ist etwas anspruchsvoller als die Aussaat ins Freiland. Aber die Methode erweist sich im Vergleich zu gekauften Pflanzen als kostengünstiger. Und bei einigen Arten, die man nur als Saatgut im Handel (weniger bekannte Tomatensorten) findet, gibt es keine andere Möglichkeit.

1. Befüllen

Füllen Sie eine Handvoll Anzuchterde in jeden Topf, dann zum Einebnen leicht andrücken und nötigenfalls noch etwas hinzugeben. Das Substrat sollte bis maximal 1 cm unter den Topfrand reichen. Eckige Töpfe eignen sich genauso gut wie runde.

2. Säen

Verteilen Sie etwa 3 Samenkörner mit etwas Abstand auf der Oberfläche. Kleinere Töpfe eignen sich auch, dann aber nur 1 Samenkorn pro Topf nehmen. Bei mehr Samen müssen Sie pikieren.

3. Bedecken

Verteilen Sie eine 5 mm starke Schicht Anzuchterde über die Samen oder Sand, der schneller austrocknet, aber für die Pflänzchen gesünder ist. Leicht andrücken, damit es ordentlicher ist.

4. Tränken

Lassen Sie die Töpfe für eine Nacht Wasser ansaugen. Platzieren Sie sie dann warm (20–25 °C) und hell. Bis zum Keimen feucht halten, aber nicht staunass.

WISSENSWERT

Hätscheln!
Sobald die Samen aufgegangen sind, geben Sie den Pflanzen viel Licht hinter einer sonnigen Scheibe, sonst werden die Pflanzen lang und dünn, verkümmern und sterben ab.
Lassen Sie nur 1 Pflänzchen pro Topf wachsen. Die Überschüssigen kann man in ein eigenes Töpfchen umpflanzen (pikieren), indem man sie vorsichtig herauszieht. Funktioniert gut bei Tomaten. Geschützt wachsen lassen, bis die Witterung das Auspflanzen ins Freiland erlaubt, meist ab 15. Mai. Bei Kohl und Salat etwas früher.

GEMÜSE, DIE MAN HABEN MUSS

RADIESCHEN

Das ist gewöhnlich die Aussaat, die man als erste versucht, und eine der einfachsten Kulturen.
Anbau: Aussaat ab Ende März bis Ende September. Radieschen vertragen leichten Frost, aber keine starke Hitze.
Pflege: Regelmäßig gießen und einige Tage nach dem Aufgehen ausdünnen. Durstige Radieschen werden scharf.
Ernte: Etwa 3 Wochen nach der Saat, jederzeit bevor die Pflanzen schießen. Dann bilden sie einen Blütenstängel und sind nicht mehr essbar.

SALAT

Schnell wachsend und relativ anspruchslos, braucht der Salat etwas Aufmerksamkeit, weil er empfindlich ist.
Anbau und Pflege: Ab Ende März in ein Eckchen säen und die Pflanzen bei 5 cm Höhe pikieren. Oder fertige Pflänzchen zum Auspflanzen kaufen. Im Abstand von 30 cm zu allen Seiten stecken. Gut gießen und auf Schnecken achten.
Ernte: Sobald Ihnen die Pflanzen üppig genug für einen Salat erscheinen. Wenn der Kopf sich verformt, kommt der Salat zur Blüte und muss schnell geerntet werden.

KARTOFFELN

Leicht zu pflanzen und pflegeleicht, ist diese Kultur ideal für Anfänger.
Anbau und Pflege: Stecken Sie die gekeimten Kartoffeln Mitte April (wenn der Flieder blüht) in 15 cm tiefe Löcher im Abstand von 45 cm, dann verfüllen. Häufeln Sie die Pflanzen an, sobald sie 20 cm hoch sind. Ein wenig jäten.
Ernte: Entweder als Frühkartoffeln 2 Monate nach dem Pflanzen, wenn sie blühen, oder als Lagerkartoffeln, sobald die Stängel nach 3 oder 4 Monaten vertrocknen.

TOMATEN

Der Klassiker ist die rote, runde Frucht, aber es gibt Hunderte Sorten.

Anbau und Pflege: Ab Mitte Mai in gut gedüngte Erde setzen. Graben Sie die Basis des Triebs mit ein und platzieren Sie gleich eine Stütze. Halten Sie den Boden immer bis in die Tiefe feucht. Die Geiztriebe aus den Blattachseln wenigstens zum Teil entfernen, damit die Pflanze ihre Kraft in Früchte statt Blätter steckt.

Ernte: Im Allgemeinen etwas mehr als 2 Monate nach der Pflanzung, sofern die Temperaturen über 12 °C bleiben.

ZUCCHINI

Rasch gepflanzt, rasch gewachsen. Zucchini benötigen nur Wasser und Sonne – ganz einfach.

Anbau und Pflege: Ab Mitte Mai bis Mitte Juni die Pflanzen in feinkrümelige Erde setzen. Gießen wie bei Salat. Die Pflanzen beginnen etwa 1 Monat später zu fruchten. Man kann auch direkt ins Freiland aussäen.

Ernte: Ab der 6. Woche nach dem Auspflanzen bis in den September, dabei keine Früchte vergessen, weil sie sehr groß werden und das Leben der Pflanze verkürzen können.

BASILIKUM

Den Liebling der Sommerküche kauft man getopft, weil die Aussaat für Anfänger kompliziert ist.

Anbau und Pflege: Kaufen Sie Pflanzen in Töpfen und setzen Sie diese gleichzeitig mit den Tomaten oder bis spätestens Mitte Juli in die volle Sonne, weil Basilikum im Schatten rasch verkümmert. Regelmäßig gießen, ein- bis zweimal wöchentlich.

Ernte: Nach und nach je nach Wuchs, auch zum Einfrieren. Wenn die Pflanze Blütentriebe ausbildet, 5 cm hoch abschneiden, sonst erreicht sie das Ende des Wachstumszyklus.

WEITERE SOMMERGEMÜSE

AUBERGINE
Von allen Gemüsesorten benötigt die Aubergine die meiste Wärme, doch der Anbau ist recht einfach.

Anbau und Pflege: Warten Sie die erste Wärme ab und setzen Sie die Pflanzen in die volle Sonne. Gießen wie die Tomatenpflanzen. Nach gut 6 Wochen beginnen sie zu fruchten. Schnitt nicht nötig.

Ernte: Etwa 2 Monate nach dem Auspflanzen bis Ende September. Ernten Sie, bevor die Früchte nicht mehr weiterwachsen, sonst werden sie mit den Kernen bitter.

BOHNEN
Nichts geht über Gartenbohnen, die man unmittelbar vor dem Kochen gepflückt hat.

Anbau und Pflege: Säen Sie die Buschbohnen ab Ende Mai aus, weil es vorher zu kalt sein könnte. Bei trockenem Wetter gießen. Anhäufeln der Pflanzen, was früher gemacht wurde, dient der Stütze für die Stängel, die sonst umfallen könnten.

Ernte: 6–8 Wochen nach der Saat, solange sich Hülsen bilden. Wenn Sie das Ernten vergessen, werden die Bohnen faserig, aber die Kerne lassen sich noch verzehren.

ERBSEN
Weniger verbreitet als andere Gemüsegartenbewohner, sind die Erbsen sehr einfach zu kultivieren.

Anbau und Pflege: Säen Sie die Erbsen ab Mitte März in Reihen entlang einer Rankhilfe aus, weil selbst niedrige Sorten etwas klettern wollen. Die Erbse wächst von allein, wird aber als Jungpflanze von Vögel und Schnecken heimgesucht.

Ernte: Knapp 2 Monate nach der Aussaat. Die Ernte erfolgt bei Bedarf (Hülsen) oder in zwei Tranchen (Verzehr der Kerne).

DIE WICHTIGSTEN HANDGRIFFE

Säen: Für alles, was ins Freiland gesät wird, Abstände beachten. Gut feucht halten und vorsorglich vor Schnecken schützen.

Stützen: Wichtig für alle Arten, die hoch aufwachsende Triebe haben, weil damit Platz entsteht und das Ernten leichter wird.

Ernten: Den optimalen Reifezeitpunkt nicht verpassen, weil Auberginen, Gemüsepaprika und Bohnen nicht besser werden.

PAPRIKA

Die leicht eckigen oder hörnchenförmigen Früchte gehören unbedingt in die Sommerküche.

Anbau und Pflege: Lassen Sie wie bei Peperoni und Aubergine den Mai fast vorübergehen, bevor Sie die Pflanzen setzen. Paprika wächst langsam an, fruchtet dann aber immer reichlich. Schnitt nicht erforderlich.

Ernte: Etwa 10 Wochen nach der Pflanzung, je nach gewünschter Farbe (grün oder bunt). Nach und nach ernten, damit sich neue Blüten bilden.

PEPERONI

Botanisch gesehen ist Peperoni eine Paprika-Pflanze. Paprika ist aber gewöhnlich nicht scharf, die Peperoni dagegen ...

Anbau und Pflege: Zur selben Zeit wie die Aubergine an einen sehr sonnigen Standort setzen. Peperoni benötigt nicht so viel Wasser wie andere Pflanzen, vor allem wenn Sie die Schärfe bevorzugen.

Ernte: Gut 3 Monate nach der Pflanzung. Peperoni halten bis zum ersten Frost, der die Früchte ruiniert, also vorher abernten.

TOMATEN

KIRSCHTOMATEN

Reichlich fruchtend, von der ganzen Familie geliebt und zudem am leichtesten kultivierbar.

Anbau und Pflege: Ab Mitte Mai bis Mitte Juni auspflanzen, vorher nur geschützt wie in einem Klein-Gewächshaus. Die Stütze von Anfang an mit in die Erde einsetzen. Im Gegensatz zu anderen Sorten werden Kirschtomaten nicht unbedingt ausgegeizt.

Ernte: Ab der 5. Woche nach der Pflanzung bis zum ersten Frost. Nach und nach ernten, sonst fallen die Früchte ab und werden schmutzig.

OCHSENHERZ-TOMATEN

Das unnachahmliche Fleisch sichert dieser Sorte einen Podiumsplatz, aber sie ist empfindlich.

Anbau und Pflege: Warten Sie bis Mitte Mai und sorgen Sie bei kaltem Wetter bis Ende Mai für einen Schutz der Pflanzen. Nach 3 Wochen mit dem Schnitt beginnen (ausgeizen), regelmäßig gießen sowie nach und nach anbinden.

Ernte: Nicht vor Ablauf von 8 Wochen nach der Pflanzung und so lange, wie es mild und nicht zu feucht bleibt. Die letzten Früchte auf der Fensterbank reifen lassen.

FARBIGE SORTEN

Gelb, weiß, grün, rosa, orange oder bunt, jede Sorte hat einen eigenen Geschmack zum Ausprobieren.

Anbau und Pflege: Wie alle anderen Tomaten werden auch diese in der zweiten Maihälfte gepflanzt. Viele sind nach dem Ausgeizen ertragreicher als ohne diesen Schnitt. Halten Sie den Boden immer durchfeuchtet.

Ernte: Wie bei den meisten Tomatensorten etwa 80 Tage nach dem Pflanzen (nicht der Aussaat). Verpassen Sie den Zeitpunkt der Vollreife aufgrund der Farben nicht!

DIE WICHTIGSTEN HANDGRIFFE

Ausgeizen und stützen: Ohne Schnitt fruchten die Tomaten später und sind krankheitsanfälliger.

Schutz: Ziehen Sie ab Mitte August bei kühlerem und feuchtem Wetter gegen Mehltauentwicklung Schutzhauben über die Pflanzen.

Gießen: Der Boden um den Wurzelstock sollte niemals austrocknen. Wenn die Blätter sich einrollen, gießen Sie nicht genug oder zu unregelmäßig.

BIZARRE SORTEN

Von der blauen Tomate, die sich mahagonirot färbt, bis zur Tomate im Weintraubenlook, Sie haben die Wahl!

Anbau und Pflege: Auch wenn sie noch so unterschiedlich aussehen, sie werden wie die anderen Tomaten gepflanzt: sobald die Nachttemperaturen über 5 °C bleiben. Manche Stöcke sind so kräftig, dass man sie nicht ausgeizen muss, wenn die Früchte klein sind.

Ernte: Der Reifezeitpunkt ist unterschiedlich, etwa 70–90 Tage nach dem Auspflanzen bis zum Einsetzen der herbstlichen Kühle.

TRENDS IN DER TOMATENWELT

Heute gibt es so viele verschiedene Tomatensorten, dass sich für jeden Geschmack eine finden lässt. Es gibt hübsche Sorten, deren Früchte zur Dekoration von Terrasse oder Balkon beitragen. Oft haben sie kleine Früchte. Zudem gibt es panaschiert belaubte Sorten, die man selbst aus Samen ziehen muss. Die Tomoffel, bei der oben Tomaten und unten Kartoffeln an derselben Pflanze wachsen, wird wohl noch etwas Zeit brauchen, bis sie im Handel zu erwerben ist. Ihr Vertrieb ist im Moment noch eingeschränkt.

SALAT

BATAVIA-SALAT
Dieser knackige Salat existiert in verschiedenen Sorten mit mehr oder weniger dicken, zarten, aber etwas fade schmeckenden Blättern.
Anbau und Pflege: Kälteempfindlicher als der klassische Kopfsalat, wird diese Sorte nicht vor April gepflanzt. 35 cm Abstand lassen und regelmäßig gießen. Gestaffelt alle 10 Tage auspflanzen.
Ernte: Das Herz bildet eine kaum geschlossene, faustgroße Kugel. Diese Salate werden nicht besonders groß, daher muss man nicht lange warten.

ESKARIOL-ENDIVIE
Die gekräuselten Blätter und die kaum auffälligen Rippen sind typisch für diese Endivie. Der Salat wird relativ groß.
Anbau und Pflege: Wird zum Ende des Sommers hin gepflanzt, damit man sie im Herbst ernten kann. Frühjahrspflanzung ab Ende März ist auch möglich. 50 cm Abstand nach allen Seiten einhalten.
Ernte: Warten Sie, bis die Blattrosette mindestens 20 cm Durchmesser erreicht hat. Endivien beginnen nicht so rasch zu blühen, aber die Blätter werden nach der Reife schwärzlich.

FRISEE-SALAT
Nicht jeder mag die leichte Bitterkeit, aber darum ist er vor allem ein Wintersalat, denn er schmeckt dann weniger bitter.
Anbau und Pflege: Frisee (krause Endivie) und liebt die Kühle. Bis Mitte Oktober auspflanzen, 50 cm Abstand lassen. Erde gut durchfeuchten, weil der Salat bitterer wird, wenn er Durst hat.
Ernte: Wenn sich eine deutliche Rosette gebildet hat, also nach mindestens 6 Wochen. Legen Sie einige Tage vor der Ernte eine Glocke über das Salatherz (zum Bleichen).

DIE WICHTIGSTEN HANDGRIFFE

Pflanzen: Das Setzen einer Salatpflanze dauert nur Sekunden, aber der Boden muss gut vorbereitet sein.

Gießen: Ist das A und O für den Erfolg im Sommer. Trotzdem sollte man die Blätter bei Temperaturen über 25 °C nicht begießen.

Schützen: Holzasche um die Pflanzen verringert die Schneckenangriffe, oder verwenden Sie Eisenphosphat.

ROMANA-SALAT

Dieser markant geformte Salat eignet sich besonders für große Familien, weil eine Pflanze gut 1 kg Gewicht erreichen kann.

Anbau und Pflege: Kälteempfindlicher als der klassische Kopfsalat, wird diese Sorte ab April bis in den September gepflanzt. Reichlich Abstand lassen, weil sie mehr Platz braucht als normaler Salat.

Ernte: Sobald der kegelförmige Kopf schön fest ist, sollte man ernten, weil er ganz plötzlich in die Blüte schießt. Man kann ihn dann noch Blatt für Blatt verzehren.

ES LEBE DIE VIELFALT!

Unter „Salat" versteht man normalerweise zwei verschiedene Gemüse, die Kopfsalate (Romana, Batavia usw.) und die Endivien (Frisee, Eskariol-Endivien usw.). Von beiden Typen gibt es eine unerwartete Vielfalt, wie beispielsweise Schnittsalate, Spargel-Salate, hitzeverträgliche Sorten. Hinzu kommen noch alle Pflanzen, die wir für Salatgerichte nutzen wie Rauke oder Feldsalat. Auch davon gibt es Hunderte Möglichkeiten.

KÜRBISSE

HOKKAIDO-KÜRBIS

Durch das Kastanienaroma und die lange Lagerfähigkeit ist er der am häufigsten angebaute Speisekürbis.

Anbau und Pflege: Ziehen Sie die Pflanzen drinnen geschützt, damit sie ab Mitte Mai ausgepflanzt werden können. Auf Schnecken achten und rundum mulchen, sobald die Pflanzen draußen weiterwachsen. Im Sommer regelmäßig gießen.

Ernte: Warten Sie ab, bis der Stiel an der Frucht holzig aussieht, etwa ab Ende August. Vor den ersten Frösten abernten.

HALLOWEENKÜRBIS JACK O'LANTERN

Außer für Laternen wird dieser Kürbis auch für die typische herbstliche Kürbissuppe verwendet.

Anbau und Pflege: Zwischen 15. Mai und 15. Juni direkt ins Freiland säen, je 3 Samen in ein Pflanzloch. Nur die kräftigste Pflanze stehen lassen und wie den Hokkaido-Kürbis pflegen.

Ernte: Pflücken, wenn die Stiele trocken werden, und trocken lagern, entweder zur Dekoration oder zum Verzehr wie beim Riesen-Kürbis.

RIESEN-KÜRBIS

Er ist wegen seiner XL-Größe etwas aus der Mode gekommen, lässt sich aber gut einfrieren.

Anbau und Pflege: Direkt an Ort und Stelle säen oder in kälteren Regionen die Pflanzen drinnen ziehen und dann ab Mitte Mai ins Freiland setzen. Pflege wie bei den anderen Kürbissen, jedoch nur 2 Früchte pro Pflanze reifen lassen.

Ernte: Vollreif, wenn das „Schwänzchen" des Kürbisses wie ein Korken aussieht, nicht vor Mitte August. In der Zwischenzeit die Früchte auf eine Unterlage betten.

DIE WICHTIGSTEN HANDGRIFFE

Knospen entfernen: Brechen Sie die ersten Blüten (nicht mehr als 3–5 Knospen) ab, wenn die Pflanze nicht gut gedeiht. Das hilft ihr beim Anwachsen.

Schneiden: Beschränken Sie die Anzahl der Früchte pro Pflanze auf 2–3 Stück und lassen Sie keine Neubildung nach dem 15. September zu.

Bodenkontakt verhindern: Legen Sie große Früchte auf ein Brett, einen Ziegelstein oder eine Kiste, damit sie nicht durch die Berührung mit der Erde faulen.

UFO-KÜRBIS

Der seltsame Patisson-Kürbis hat ein Fruchtfleisch wie Zucchini und hält sich extrem lange.

Anbau und Pflege: Wie Zucchini entweder ins Freiland aussäen oder im Haus Pflanzen ziehen, die in der schönen Jahreszeit ausgepflanzt werden. Patisson-Kürbisse brauchen dieselbe Pflege wie Zucchini, wachsen aber langsamer.

Ernte: Entweder 8 Wochen nach der Aussaat jung verzehren (mit Schale), oder später geschält; trocken lagern.

BUTTERNUT-KÜRBIS

Einfach zu kultivieren, leicht zu konservieren und zu kochen, erfreut sich dieser Kürbis weiterhin großer Beliebtheit.

Anbau und Pflege: Pflanzen im April in einzelnen Anzuchttöpfen geschützt ziehen. Ab Mitte Mai auspflanzen. Einen Abstand von 1,50 m rundum einhalten. Regelmäßig gießen und von Anfang an rund um die Pflanze mulchen.

Ernte: Ernten, sobald im September alle Stiele getrocknet sind, trocken und geschützt lagern. Kann kurzzeitig auf der Erde liegen.

HERBST- UND WINTERGEMÜSE

MÖHREN

Direkt aus dem Gartenbeet gezogen ist jede Möhre zarter und nahrhafter als die alten Karotten im Handel.

Anbau und Pflege: Ab Ende März bis Mitte September in Reihen ins Freiland aussäen. Nicht zu dicht säen und kaum bedecken, Geduld haben. Bis zum Auflaufen regelmäßig gießen.

Ernte: Aus der Erde ziehen, wenn der Hals (oben an der Rübe) einen Durchmesser von 2–3 cm erreicht hat: gut 2 Monate nach der Aussaat und auch später, weil Möhren warten können.

ROTE BETE

Die jungen Rüben sind zart-schmelzend, aber auch frisch gewachsene Blätter lassen sich verzehren.

Anbau und Pflege: Ab Anfang April bis Ende September ins Freiland aussäen, Samen einzeln im Abstand von 2 cm legen, weil oft zwei Pflänzchen keimen. Regelmäßig gießen. Rote Bete sind leicht zu kulti-vieren.

Ernte: Abwarten bis die Rübe etwa 5 cm dick ist, nach knapp 2 Monaten. Rote Bete können lang brauchen.

ZWIEBELN

Die für die Küche interessan-testen Sorten, auch aus dem Handel, sind leicht im Gemüse-garten anzubauen.

Anbau und Pflege: Pflanzen Sie Steckzwiebeln (kleine im Netz angebotene Saatzwiebelchen) im Herbst oder im Frühling fast vollständig in die Erde. Achten Sie auf oben und unten. Während der Saison jäten, das ist alles.

Ernte: Erst wenn die Blätter verwelken, ist Erntezeit. Zwie-beln können mehrere Monate warten.

DIE WICHTIGSTEN HANDGRIFFE

Unkraut hacken: Wurzelgemüse mögen keinerlei Konkurrenz oder dicke Mulchschichten. Gelegentlich mit der Jäthacke vorbeischauen.
Gießen: Alle brauchen reichlich Wasser, um schnell wachsen zu können, ohne fasrig oder holzig zu werden.

MAIRÜBEN
Vergessen Sie die gekauften Rübchen, weil Ihre eigenen viel zarten sein werden.
Anbau und Pflege: Aussaat im März, später auf 15 cm Abstand vereinzeln. Sie gehen nicht ganz so schnell auf. Vom Gießen abgesehen, muss man nicht viel beachten.
Ernte: Wenn die Rübe etwa 5 cm dick ist. Warten Sie nicht länger, weil dickere Mairüben (über 7 cm) meistens faserig werden.

GRÜNKOHL
Eine Blattkohlart, die ziemlich leicht anzubauen ist und auch im Winter dekorativ aussieht.
Anbau und Pflege: Am besten beginnt man mit gezogenen Pflänzchen, die man im Mai kaufen kann; mit 50 cm Abstand auspflanzen. Oder zwischen April und Juni in Töpfe säen. Boden düngen und im Sommer gießen. Eine recht selbstständige Kultur.
Ernte: Nach Einbruch des Winters bis in den März des Folgejahres hinein, am besten nach schwachen Frösten.

Ernten: Nicht zu lange warten. Dicke Mairüben und alte Rote Bete sind bei Tisch keine Renner.

WEITERE BLATTGEMÜSE

FELDSALAT

Wunderbare Rohkost für den Winter, der Anbau gelingt leichter mit Jungpflänzchen.

Anbau und Pflege: Ab Mitte August bis Ende September die Pflänzchen im Abstand von 15 cm ins Beet setzen, beispielsweise nach den Kartoffeln. Zum Anwachsen gießen und hin und wieder jäten.

Ernte: Rechnen Sie mit der Ernte 1,5 Monate nach dem Pflanzen, wenn die Blattrosetten mindestens 10–15 cm breit sind.

KOPFKOHL

Mit glattem oder gekräuseltem Blatt, rot oder weiß, eignet sich Kohl gut zur Ernte außerhalb der Saison.

Anbau und Pflege: Pflänzchen sind von Mai bis September im Handel erhältlich, es gibt Frühlingssorten und Herbst-Winter-Sorten. Im Abstand von 50 cm auspflanzen. Im Herbst auf Raupenbefall achten.

Ernte: Es dauert gute 3 Monate, bis sich der Kohlkopf gebildet hat. Solange die äußeren Blätter nicht verdorben sind, kann Kohl noch etwas warten.

LAUCH

Leicht anzubauen, es gibt Pflanzen zu kaufen oder man zieht sie selbst.

Anbau und Pflege: Ab Mitte Mai bis Mitte August die Jungpflänzchen im Abstand von 10 cm in nährstoffreichen Boden setzen. Vom Gießen abgesehen, muss man ein wenig Unkraut jäten.

Ernte: Lauch ist verzehrreif, sobald die Stange 3 cm Durchmesser erreicht, also 2–3 Monate nach dem Pflanzen.

Schutz: Bedecken Sie den Lauch gegen die Larven der Lauchfliege mit einem feinen Netz, sie bohrt sich im Herbst in den essbaren Pflanzenteil.
Behandlung: Sprühen Sie gegen die Larven ein Bakterienpräparat, wenn der Lauch angefressen ist. Prüfen Sie, ob nicht Nacktschnecken verantwortlich dafür sind!

RAUKE UND SCHNITTSALAT
Schnittsalate und vergleichbares Grün werden immer auf die gleiche Weise angebaut und das ist wirklich leicht.
Anbau und Pflege: Ab Ende April bis in den September in Reihen ins Freiland säen (mit Schutz auch länger). Sehr regelmäßig gießen. Keimt rasch und bis zur Ernte ist kaum Pflege nötig.
Ernte: Blatt für Blatt pflücken oder mit der Schere abschneiden, sobald eine Höhe von 15 cm erreicht ist. Nachwachsen lassen und erneut ernten.

SPINAT
Er hat Freunde und Feinde, ist aber immer eine gute Nährstoffquelle.
Anbau und Pflege: Pflänzchen sind von April bis September erhältlich, Sie können während dieses Zeitraums aber auch selbst aussäen. Im Frühling 20 cm, im Spätsommer 30 cm Abstand einhalten. Spinat keimt langsam und die Sämlinge brauchen aufgeräumten Boden.
Ernte: Sobald die Blätter 10 cm lang sind. Nur extrem ungünstiges Wetter (Hitze oder lang anhaltender Frost) ruiniert den Spinat.

Bedecken: Schützen Sie Rauke und Schnittsalat am Ende der Saison oder bei aufkommendem Frost mit einem Vlies.

AUSDAUERNDE GEMÜSE

ARTISCHOCKE

Sie hat den doppelten Vorteil, dass sie dekorativ aussieht und kaum Pflege benötigt. Sie ist widerstandsfähiger als man denkt.

Anbau und Pflege: Im Frühjahr im Abstand von 70 cm pflanzen. Im ersten Jahr gießen, um das Anwachsen zu erleichtern. Um den Stock reichlich mulchen, vor allem in heißen Regionen.

Ernte: Schneiden Sie die Blüten ab, solange die Schuppen geschlossen sind, also bevor sie sich abspreizen. Blüten entwickeln sich von Mai bis Anfang September.

BAUMKOHL

Dieser Kohl wächst wie ein Strauch, wird bis zu 1,50 m hoch und sieht dekorativ aus.

Anbau und Pflege: Pflanzen Sie ihn zwischen Mai und Juli ins Freiland an eine geschützte Stelle, weil er bei Temperaturen unter −10 °C empfindlich reagiert. Regelmäßig gießen und den Boden mit Kompost anreichern.

Ernte: Pflücken Sie einzelne Blätter ab Ende des Frühlings bis in den September. Schöne Ergänzung zum Grünkohl.

GUTER HEINRICH

Dieses Wildgemüse besitzt zarte Blätter, die man wie den gewöhnlichen Spinat verwendet.

Anbau und Pflege: Kann das ganze Jahr hindurch an eine Stelle gepflanzt werden, wo der Boden im Sommer nicht zu stark austrocknet. Davon abgesehen ist er so anspruchslos wie Schnittlauch oder Minze. Keine Pflege nötig.

Ernte: Blatternte von Ende April bis Ende Juli, dann wieder im Herbst. Beginnen Sie erst im zweiten Jahr nach der Pflanzung.

Pflanzen: Ausdauernde Gemüse (Stauden) brauchen einen nährstoffreichen Boden. Beim Pflanzen muss man sorgfältiger sein als bei anderen Arten.

AUSDAUERNDER LAUCH

Die auch Staudenporree genannte Pflanze wächst büschelweise mit dünneren Stangen als beim gewöhnlichen Porree.

Anbau und Pflege: Setzen Sie im Frühling getopfte Pflanzen oder im Herbst die Steckzwiebelchen. Wählen Sie einen ganzjährig sonnigen Standort. Die Pflanze benötigt keinerlei Pflege, macht oft eine Sommerpause.

Ernte: Wenn die Pflanzen im November–Dezember üppig wachsen. Danach werden sie nicht mehr dicker. Achten Sie darauf, die kleinsten stehen zu lassen.

RHABARBER

Er bildet einen dicken Wurzelstock und kann jahrzehntelang am selben Standort stehen.

Anbau und Pflege: Pflanzen Sie ihn im Spätwinter oder Frühling. Erde bis in die Tiefe von 40 cm und mehr mit Nährstoffen anreichern. Im Sommer regelmäßig gießen. Muss nur einmal im Winter ausgeputzt werden.

Ernte: Blätter ab Ende April abschneiden, ernten Sie maximal die Hälfte des Laubs. Die Pflanze sollte insgesamt ein Dutzend Blätter behalten.

Mulchen: Die Pflanzen reagieren abgesehen vom Staudenporree wesentlich empfindlicher auf Trockenheit und lieben Mulchlagen ab dem Zeitpunkt der Pflanzung.

Ernten: Da sie nicht so hohe Erträge bringen, erntet man nur gelegentlich oder man setzt mehrere Pflanzen.

Gemüsegemeinschaften pflanzen

Bei guter Gartenpraxis im Gemüsebeet mischen geübte Gärtnerinnen und Gärtner Gemüsearten, die sich gegenseitig nützen. Dieses Spiel kann etwas Kopfzerbrechen bereiten. Machen Sie, was sie können, aber lassen Sie sich nicht zu sehr gängeln.

DIE HÄUFIGSTEN BOTANISCHEN FAMILIEN IM GEMÜSEBEET

Amaryllidaceae: Knoblauch, Lauch, Schalotte, Schnittlauch, Zwiebel.
Compositae (Asteraceae): Artischocke, Endivie, Kopfsalat, Topinambur.
Cruciferae (Brassicaceae): Kohl, Mairübe, Radieschen, Rauke.
Cucurbitaceae: Gurke, Kürbis, Melone, Zucchini.
Fabaceae (Leguminosae): Buschbohne, Dicke Bohne, Erbse.
Solanaceae: Aubergine, Gemüsepaprika, Kartoffel, Tomate.
Umbelliferae (Apiaceae): Fenchel, Kerbel, Möhre, Pastinake, Petersilie.

SPIEL MIT 7 FAMILIEN

Die wichtigste Grundregel lautet, dass die benachbarten Kulturen niemals derselben botanischen Familie angehören dürfen, weil ihre Fressfeinde oft identisch sind. Es empfiehlt sich, dass man möglichst viel Platz zwischen zwei Kulturen derselben Familie lässt (siehe Kasten links). Dies gilt für Cruciferae und Solanaceae in noch stärkerem Maße als für den Rest.

VIELZEHRER UND HUNGERKÜNSTLER

Vergesellschaften Sie nach Möglichkeit eine Kultur, die viele Nährstoffe aus dem Boden aufnimmt, mit einer anderen, die sparsamer ist. Tomaten und Salat, Kohl und Petersilie, Möhre und Radieschen oder Lauch und Bohnen sind derartige günstige Teams, die zudem auch noch die anderen Voraussetzungen für Gemüse-Gemeinschaften erfüllen.

GUTE KUMPEL

WURZELN, BLÄTTER, FRÜCHTE

Je nach essbarem Teil der Pflanze, also Wurzel (wie bei Möhre, Mairübe, Roter Bete), Blättern (wie bei Salat, Lauch oder Kohl) oder Früchten (wie bei Tomate, Aubergine und Gurke) entziehen die Gemüse dem Boden unterschiedliche Nährstoffe. Bei einer Abwandlung der Mischpflanzung muss man darauf achten, dass die benachbarten Kulturen nicht miteinander konkurrieren.

SCHUTZ FÜR EMPFINDLICHE SORTEN

Durchmischen Sie die Anpflanzungen so, dass Arten, deren Blätter rasch zur Beute von Fressfeinden werden, sich zwischen diesbezüglich ungefährdeten Arten befinden. Kreuzblütler (Cruciferae) beispielsweise ziehen einen Nutzen aus Standorten zwischen Roter Bete, Kartoffeln oder Kräutern.

SINNVOLL GRUPPIERT

Setzen Sie Gemüse zusammen, die auf dieselbe Weise gepflegt werden müssen. Lauch, Möhren und Kohl beispielsweise müssen ab Mitte August mit einem feinen Netz zum Schutz vor Schädlingen (Insekten) bedeckt werden, damit diese keine Eier in den essbaren Teil ablegen. Stehen sie nebeneinander, kann man den Schutz in einem Aufwasch anbringen. Die auf eine Kultur spezialisierten Schädlinge interessieren sich nicht für andere.

KRÄUTER

MINZE

Es ist unmöglich, dass der Anbau dieser üppig wachsenden Pflanze scheitert, ganz im Gegenteil, sie wuchert schnell.

Anbau und Pflege: Pflanzen Sie Minze zwischen März und Oktober. Setzen sie dazu den ganzen Wurzelballen tief ein und bedecken Sie auch den Ansatz der Stängel mit 1 cm Erde. Vom Gießen bei trockenem Wetter und einem radikalen Rückschnitt im Winter abgesehen ist nichts zu tun.

Ernte: Bei Bedarf pflücken. Wenn die Pflanze zu blühen beginnt, zurückschneiden, damit man nach 3 Wochen wieder neu ernten kann.

PETERSILIE

Glatt oder kraus, Sie haben die Wahl. Erstere gilt als aromatischer, ist aber nicht so dekorativ.

Anbau und Pflege: Pflanzen Sie im Frühling oder im Herbst getopfte Pflänzchen aus. Oder säen Sie Petersilie im Spätwinter. Die Keimung erfolgt langsam und unregelmäßig. Danach ist keine Pflege nötig.

Ernte: Blätter bei Bedarf pflücken, etwa 2 Monate nach der Pflanzung oder Saat. Wenn die Pflanze blüht, stirbt sie bald darauf.

ROSMARIN

Wo es ihm gefällt, macht er sich breit, aber man vergibt ihm wegen des wunderbaren Aromas.

Anbau und Pflege: Wählen Sie einen windgeschützten Platz aus und pflanzen Sie ihn im Frühling. Im April zurückschneiden, wenn die Pflanze sich zu sehr breit gemacht hat. Braucht auch in warmen Regionen oft Winterschutz.

Ernte: Bevorzugt zwischen Mai und Oktober. Falls Sie nicht ernten, schneiden Sie ihn zurück. Der Duft entfaltet sich in den Sommermonaten am stärksten.

DIE WICHTIGSTEN HANDGRIFFE

Pflanzen: Zögern Sie nicht, die Pflanzen tief einzusetzen, weil viele Kräuter an der Basis neue Wurzeln ausbilden.

Ernten: Die Ernte ist bis auf Thymian und Rosmarin zeitlich begrenzt. Nötigenfalls also einfrieren oder trocknen.
Pflege: Die mehrjährigen Halbsträucher profitieren, wenn man sie im Spätwinter zurückschneidet. Von den anderen sollten Sie Samen gewinnen.

SCHNITTLAUCH

Mit diesem feinen Küchenkraut kann man einfach nichts falsch machen. Es überlebt Dutzende Jahre.
Anbau und Pflege: Setzen Sie die Pflanze an eine Stelle, wo die Erde im Sommer nicht zu stark austrocknet und wo sie jahrelang bleiben kann. Keine Pflege nötig.
Ernte: Blätter werden von April bis in den Spätsommer gepflückt. Die Blüten sind essbar. Bodennah abschneiden, wenn sich krankes Laub zeigt, damit die Pflanze rasch nachwächst.

THYMIAN

Er braucht wenig Platz und wächst von allein, lebt aber mit durchschnittlich 5 Jahren nicht besonders lange.
Anbau und Pflege: Pflanzen Sie ihn zwischen Februar und Juni (in sehr trockenen Regionen zwischen Oktober und Februar) an einen sehr sonnigen Platz. Braucht normalerweise keine Pflege, nicht einmal das Gießen im Sommer.
Ernte: Ganzjährig bei Bedarf ernten. Der Duft entfaltet sich am stärksten im Sommer und am wenigsten im Winter.

NEUE KRÄUTERENTDECKUNGEN

KÄSEKRAUT

Paederia lanuginosa hat ein sehr hübsches, samtiges Laub, das nach reifem Camembert schmeckt.

Anbau und Pflege: Halten Sie diese Kletterpflanze wie eine Zimmerpflanze, die man nach dem Frost nach draußen stellt. Im Herbst verliert die Pflanze das Laub, sobald die Temperaturen unter 10 °C fallen, und geht in die Winterruhe.

Ernte: Wie bei allen anderen Kräutern: Blatt für Blatt pflücken, als Dekoration oder zum Würzen (roh). Zur frühen Ernte im Warmen halten.

KRAUT DER UNSTERBLICHKEIT

Gynostemma pentaphylla hat ihren Trivialnamen von einem süßlichen Kräutertee aus der chinesischen Medizin.

Anbau und Pflege: Lassen Sie diese Pflanze im Topf oder Kübel, weil sie nicht winterhart ist. Unter −10 °C stirbt sie ab. Im Herbst geht sie wie Zwiebelblumen in Vegetationsruhe und überdauert unterirdisch.

Ernte: Von April bis Oktober entweder Triebspitzen oder Blätter bei Bedarf ernten. Die Wurzel geht relativ früh in die Vegetationsruhe.

UND DER THC-HALTIGE HANF?

Noch ist es in Deutschland illegal Cannabis zu kaufen oder zu verkaufen. Auch der Anbau und Besitz ist noch verboten, ebenso wie der Kauf und Besitz von Hanfsamen. Das soll sich zeitnah ändern. Voraussichtlich ab 2024 soll der Anbau von bis zu zwei Pflanzen durch Amateurgärtner sowie der reglementierte Konsum gestattet werden.

NEPAL-PFEFFER

Zanthoxylum armatum, ein Liebling der Gastronomie, besitzt ein markantes Zitrusaroma, ohne jedoch bitter zu sein.

Anbau und Pflege: Da es sich um einen Strauch handelt, sollte er einen Platz außerhalb des Gemüsegartens bekommen. Im Sommer des ersten Jahres alle 10 Tage gießen, das ist alles. Schnitt nicht nötig.

Ernte: Die Früchte mit dem Samen werden von Oktober bis Dezember geerntet, das junge Laub (zum Mörsern) von April bis Juni.

PILZKRAUT

Rungia klossii ist eine Gewürzpflanze mit überraschendem Pilzaroma.

Anbau und Pflege: Am besten im Topf wie eine Zimmerpflanze wachsen lassen, weil das Pilzkraut nicht den geringsten Frost verträgt. Erde immer feucht, aber nicht nass halten.

Ernte: Blätter nach Bedarf pflücken. Die Triebspitzen während des Sommers kappen, damit die Pflanze nicht zu voluminös wird.

WINTERESTRAGON

Tagetes lucida, auch Glänzende Studentenblume genannt, schmeckt süßer als normaler Estragon und hat außerdem noch schöne gelbe Blüten.

Anbau und Pflege: Gleichzeitig mit den Tomaten auspflanzen und auf gleiche Weise kultivieren. Die Pflanze verträgt keinen starken Frost und braucht ab Herbst einen Schutz. Oder in Topfkultur lassen.

Ernte: Warten Sie bis Mai, bevor Sie die jungen Blätter verwenden. Bis spätestens im November ernten, um die Blätter zu trocknen.

Erprobte Praktiken

Diese Methoden machen den Garten ökologischer und damit den Gemüseanbau gesünder, wobei gleichzeitig das Risiko der Pflanzenerkrankungen sinkt und die Fruchtbarkeit des Bodens sich verbessert. Alles Vorteile!

FRUCHTWECHSEL

Bei diesem Kniff geht es darum, nicht immer dieselbe Pflanzenart (oder enge Verwandte) über mehrere Jahre hinweg an dieselbe Stelle zu setzen. Krankheitsanfällige Gemüse wie Tomaten oder Lauch müssen daher jedes Jahr den Standort wechseln. Variieren Sie auch die botanischen Familien (siehe nächste Seiten).

MULCHEN DES GEMÜSES

Auch wenn sich daran die Geister scheiden, so ist es doch besser, den Boden mit einer Streuschicht zu bedecken als mit Unkraut. Laub oder Rasenschnitt in dünnen Lagen eignen sich für Gemüse am besten. Großwüchsige Pflanzen (Kohl, Tomaten usw.) vertragen eine dickere Schicht, solange man sie in mehreren Schritten ausbringt.

DAS I-TÜPFELCHEN

IM BEET VERTEILEN

Vermeiden Sie nach Möglichkeit, ein und dasselbe Gemüse an einer Stelle des Gemüsegartens zu konzentrieren. Verteilen Sie z. B. die Tomatenpflanzen. Von Krankheiten befallene Stöcke sind dann kaum imstande, ihre Nachbarn anzustecken. Fruchtwechsel und Pflanzengemeinschaften (siehe folgende Seiten) verursachen immer eine Menge Zwänge!

MISCHUNG MIT BLUMEN

Je mehr Blumen zwischen den Gemüsen stehen, desto hübscher wird der Gemüsegarten und desto besser ist er gegen Krankheiten gewappnet. Die Blumen beherbergen zwar Fraßinsekten wie Blattläuse, sind aber auch die Vorratskammer von Nützlingen, die von diesem reichen Angebot und den Blüten angelockt werden. Ausgewachsene Nützlinge sind auf Blüten als Nahrungsquelle angewiesen.

GRÜNDÜNGER

Er wird benötigt, um den Gemüsegarten für das Folgejahr zu rüsten oder eine unbearbeitete Parzelle zu pflegen. Man sät diese Kultur auf vorbereiteten Boden, zerkleinert sie später an Ort und Stelle (von Hand oder mit dem Rasenmäher) und gräbt sie dann unter. Das lässt sich nicht umgehen, auch wenn es Mühe bereitet. Ein guter Mulch auf unkrautfreiem Boden erfüllt denselben Zweck.

Das gewisse Extra

Manches Gemüse kann ganz unkonventionell geerntet werden, z. B. zu ungewöhnlichen Zeiten im Jahr oder man nimmt Pflanzenteile, die man normalerweise ungenutzt lässt. Auch sogenanntes Unkraut lässt sich verspeisen.

ABSOLUTE NACHZÜGLER

Manche Gemüse vertragen eine sehr späte Ernte. Das gilt für Kartoffeln und Zwiebeln, die man noch gut ernten kann, wenn das Laub im Oktober verschwunden ist, manchmal sogar noch später. An den Pflanzen vergessene Bohnen oder Erbsen lassen sich als Kerne ernten, solange die Hülsen nicht aufgrund herbstlicher Feuchtigkeit angeschimmelt sind.

KLEINE ZUSATZERNTE

Manche Gemüse bringen zweimal einen Ertrag und zwingen uns, noch eine kleine Ernte nach der Haupternte zu machen. Die Wurzel des Salats bringt kleine Sprosse hervor, die man als Salat essen kann, auch wenn die Pflanze schon zum Blühen ansetzt. Für das Nachwachsen gut gießen. Die Blätter junger Mairüben, Roter Bete, Radieschen und Spinat kann man als Salat verzehren.

DOPPELTE VERWENDUNG

Würzpflanzen wie Knoblauch, Zwiebeln oder Schalotten entwickeln ein Laub, das sich gut zum Verbessern von Gerichten eignet, wenn man es wie Schnittlauch verwendet. Hüten Sie sich aber vor Blättern, die nicht verzehrbar sind, z. B. die von Knollensellerie oder Möhren, denn sie können Allergien auslösen.

RAFFINIERTE TATEN

NICHT SO ÜBEL

Wird Ihr Gemüsegarten von Unkraut überrannt? Essen Sie es auf! Am schwierigsten ist es, das Essbare vom Nicht-Essbaren zu unterscheiden. Melde, Portulak, Schaumkraut und Löwenzahn sind am sichersten zu identifizieren. Die einzigen wirklich gefährlichen Unkräuter sind Nachtschatten und Bingelkräuter, deren bitterer Geschmack sollte Sie aber warnen.

ZIERGEMÜSE

Wenn Sie nicht genug Platz im Gemüsegarten haben oder nicht einmal Platz für eine Gemüse-Ecke, halten Sie sich an Ziergemüse. Pflanzen Sie es in die Zierbeete. Mangold mit farbigen Blattrippen, Palmkohl oder Petersilie sind das gewisse Extra zwischen den blühenden Stauden. Ernten Sie ein Mal im Jahr.

AROMA IN DEN SAMEN

Auch nach der Blüte können Sie noch manche Kräuter nutzen: Fenchel, Anis usw. bilden Samen, die als Gewürz Verwendung finden. Von Schnittlauch und Zwiebel können Sie den Samen aussäen, um eigene kulinarische Experimente zu beginnen.

DER OBSTGARTEN

In jedem noch so kleinen Garten findet sich irgendwo Platz für ein paar leckere Früchtchen. Die Pflege von Obstgehölzen ist nicht ganz einfach, weil man Geduld braucht, aufmerksam sein muss und auch wissen sollte, dass die Qualität der im Garten geernteten Früchte keine exakte Wissenschaft ist. Was zählt ist, dass Aufwand und Ertrag im Gleichgewicht sind.

Einen Obstbaum pflanzen

Das ist nicht schwieriger als das Pflanzen eines Zierstrauchs. Man muss aber besser darauf achten, dass der Baum anwächst und sollte sich wegen des Gießens nicht auf den Wetterbericht verlassen. Die meisten Fehlschläge gehen auf spätere Fehler zurück.

1. Vorbereitung des Bäumchens
Nehmen Sie den jungen Baum aus dem Topf. Stellen Sie den Ballen für 1 Stunde ins Wasser. Heben Sie ein Loch aus, das mindestens dreimal so breit und dreimal so tief wie das Volumen des Ballens ist.

2. Platzieren
Stellen Sie den Baum in das mit Pflanzerde befüllte Loch. Die Oberkante des Ballens sollte 1–2 cm unter der Oberfläche liegen. Pflanzen Sie den Baum nicht tiefer, lassen Sie ihn aber auch nicht oben herausschauen.

3. Auffüllen
Füllen Sie den Platz um den Ballen mit Erde auf. Ideal wäre eine mit Kompost gedüngte Erde oder Pflanzerde. Keinesfalls Schotter oder Kies einfüllen.

4. Wässern
Gießen Sie eine Kanne Wasser um das Stämmchen. Fügen Sie noch Erde hinzu, wenn sie einfällt. Achten Sie auf die richtige Höhe. Normalerweise sinkt das Bäumchen einige Zentimeter tiefer ein.

5. Mulchen
Breiten Sie eine Schicht organischen Mulchs wie reifen Kompost, alten Rasenschnitt, garen Mist oder Ähnliches aus. Ist keiner zur Hand, nehmen Sie eine Lage Stroh.

6. Nachsehen

Versichern Sie sich, dass der Baum gut anwurzelt, indem Sie während der ersten Sommer genügend gießen. Schneiden Sie die Austriebe am Stamm und dem Wurzelhals ab. Nötigenfalls stützen und mindestens alle 14 Tagen nach dem Baum sehen.

KURZ GEFASST

- Rechnen Sie zum kompletten Anwachsen mit 2–3 Jahren.

- Ein Baum, der im 2. Jahr kräftige Triebe entwickelt, fühlt sich wohl.

- Wenn er nur einige Blätter treibt, gibt es ein Problem (z. B. sommerlicher Wassermangel).

115

Grundbegriffe

Die meisten Obstbäume brauchen etwas Pflege, doch die ist nicht besonders speziell. Sie gleicht der Pflege von Ziersträuchern. Man muss nur präziser arbeiten.

1. Behandeln
Bringen Sie eine biologische Sprühkur (Öle oder Jauchen) gegen häufige Krankheiten aus, bevor sich Symptome gebildet haben, aber nicht während der Blütezeit.

2. Nachsehen
Überprüfen Sie die jungen Triebe auf Parasitenbefall oder Krankheiten. Blattläuse z. B. stürzen sich auf junge, leidende Obstbäume.

3. Düngen
Geben Sie jungen Bäumen organischen Dünger, z. B. Hornspäne oder Blutmehl. Auch wenn diese Dünger nicht gut aussehen, werden sie von den Wurzeln gut aufgenommen und sie beleben den Boden.

4. Jäten
Halten Sie die Gräserkonkurrenz rund um den Stamm während der ersten 3 Jahre vor allem zwischen März und Juni in Schach, wenn das Gras sich das ganze Wasser und alle Nährstoffe nimmt. Entweder von Hand jäten oder mulchen.

5. Boden verbessern
Bringen Sie eventuell etwas zum Verbessern der Erde aus. Wenn sie sandig ist (leicht, siehe Seite 15), geben Sie Kalk zu. Wenn sie nährstoffarm oder lehmig ist (also klebt), geben Sie Kompost zu.

6. Regulieren
Schneiden Sie Schösslinge
am Stamm des Obstbaumes
ab. Apfelbaum, Birnbaum
und Kirsche sollten eigentlich
nicht mehrstämmig wachsen,
sondern nur einen einzigen
Stamm haben.

KURZ GEFASST

• Aprikosen- und Pfirsich-
  bäume sind wesentlich
  anfälliger für Krankheiten.

• Prüfen Sie, ob der Baum
  angegriffen ist (Fraß von
  Kaninchen oder Rehwild).
  Das lässt sich als nette
  Routine am Wochenende
  machen und geht schnell.

Obstbäume schneiden

Es gibt unzählige Handbücher zum Obstbaumschnitt, die niemals Anwendung finden. Man sollte das Minimum machen und dranbleiben. Nicht schneiden ist schlimmer als schlecht schneiden. Verschieben Sie es nicht auf später, legen Sie los.

1. Höhe begrenzen
Lassen Sie die senkrechten Triebe nicht bis in den Himmel wachsen, denn die Früchte werden für Sie unerreichbar sein – und Beute der Vögel. Ein Obstbaum von 3 m Höhe ist schon ziemlich hoch.

2. Geäst ausputzen
Schneiden Sie abgestorbenes Holz (das gibt es immer) systematisch aus. Kappen Sie auch die Reiser entlang des Stammes und an großen Ästen. Sie tragen nie Früchte, sondern verursachen höchstens Krankheiten.

3. Im Laubkleid schneiden
Warten Sie mit dem Schnitt nicht auf den Winter, sondern führen Sie ihn durch, solange die Zweige belaubt sind. Lieber regelmäßig (ein Mal im Monat) leicht schneiden als ein Mal im Jahr. Sie werden merken, wie der Baum reagiert.

4. Verkümmertes entfernen
Schneiden Sie, ohne zu zögern und abzuwarten, jeden Ast ab, dessen Laub eingegangen ist. Das zeigt ein Problem an, das sich nicht ausbreiten sollte und das man bei diesem Anlass auch diagnostizieren sollte.

5. Triebe einkürzen
Ein leidender Baum braucht selten Dünger. Sie können ihm wahrscheinlich besser helfen, wenn Sie die Zweige zur Hälfte einkürzen.

KURZ GEFASST

- Achten Sie auf einen ausbalancierten Wuchs des Baums.

- Wenn der Baum ungleichmäßig wächst, ist er vermutlich krank.

- Kräftiger Wuchs und regelmäßig notwendiger Schnitt sind Zeichen für einen gesunden Baum, der zuverlässig Früchte trägt.

Zusätzliche Aufgaben

Auch wenn das Pflanzen und die Zeit danach kaum besondere Methodik verlangen, lassen sich dennoch häufig ein paar typische Fehler beobachten. Dabei handelt es sich oft um Probleme, die durch zu zögerliches Eingreifen entstanden sind.

1. Anzahl regulieren

Äste voller Früchte machen uns Freude. Aber was für 10 reicht, reicht noch lange nicht für 100: Rechnen Sie mit etwa 10 cm belaubtem Ast pro Frucht. Kirschen und andere kleine Früchte sind davon ausgenommen.

2. Früchte schützen

Vögel und Insekten erkennen genau, wann Früchte reif sind. Der beste Schutz für die Ernte ist das Ausbreiten eines Netzes, wie es auch im gewerblichen Obstanbau genutzt wird.

3. Beschädigte Früchte entfernen

Wenn sie jetzt nicht schön sind, werden sie es später auch nicht mehr. Entfernen Sie die Früchte zügig und entsorgen Sie sie. Es kostet Sie im Gegensatz zum Baum nichts, sie zu entfernen.

4. Veredelungsunterlage kontrollieren

Fast alle Obstbäume sind auf eine kräftig wurzelnde Unterlage gepfropft. Schneiden Sie daher alles ab, was bei Kernobst oder Steinobst unten aus dem Stamm wächst.

5. Befruchtung

Natürlich ist das nicht Ihre Aufgabe, sondern die der Insekten. Locken Sie Insekten an (siehe Seite 66), damit sie die Bäume besuchen und bestäuben.

KURZ GEFASST

- Ein gesunder Obstbaum hat von Natur aus einen guten Ertrag.

- Ein vernachlässigter oder leidender Baum bringt keine Früchte.

- Bevor man sich Gedanken um Obst oder den Schnitt macht, sollte man sich um den Baum wie um jede Pflanze kümmern: gießen, düngen. Danach wird alles leichter, versprochen!

Erdbeeren und Himbeeren

Der Vegetationszyklus unterscheidet sich, aber beide haben ähnliche Bedürfnisse und man kann sie zusammen anbauen. Außerdem zählen sie fast immer zu den zuerst gepflanzten Früchten, egal wie groß der Garten ist. Sie schmecken wesentlich besser als die Früchte aus dem Supermarkt!

1. Pflanzen
Am besten im Spätsommer auspflanzen, 20 cm Abstand einhalten. Die Erde sollte wie für eine Gemüseaussaat vorbereitet sein (siehe Seite 82).

2. Abdecken
Sofern Sie nicht direkt in einer Folie pflanzen (siehe oben), sollten Sie um jede Pflanze Stroh einstreuen, damit die Früchte nicht auf der Erde verschmutzen.

3. Düngen
Versorgen Sie gegen Ende des Winters jede Pflanze direkt mit einem organischen Dünger in Pulverform. Eine Düngergabe pro Jahr genügt. Überdüngen Sie nicht und halten Sie sich an die Dosierungsangabe.

4. Ausputzen
Entfernen Sie im Spätwinter abgestorbene oder schadhafte Blätter sowie die Ausläufer (zehrende Stolone). Erneuern Sie die Pflanzung nach 3 Jahren, weil die Pflanzen schnell altern.

5. Ernten
Wie die Früchte reifen – die frühesten Sorten wie 'Garriguette' im April, die spätesten im September.

HIMBEEREN

1. Pflanzen
Setzen Sie ihre Pflanzen bevorzugt im Winter oder zu Beginn des Frühlings. Die Erde sollte gut gelockert und mit Kompost angereichert sein.

2. Neuaustrieb kürzen
Das obere Drittel der neuen Triebe im Mai kappen, so verzweigen sich die Pflanzen mehr und der Ertrag steigt. Im Herbst oder Frühling wiederholen.

3. Sommerschnitt
Kappen Sie die abgeernteten Triebe unterhalb der Erntestelle und oberhalb eines Blattes (vor allem bei den Sorten, die im Herbst nochmals fruchten).

4. Ausputzen
Verkümmernde Austriebe direkt über der Erde abschneiden. Die mickrigsten Triebe entfernen, ein Trieb alle 10 cm genügt für einen guten Ertrag.

5. Ernten
Im Frühling und nochmals im Herbst bei den zweimal fruchtenden Sorten. Meistens schwankt der Ertrag über die Zeit. Ein Kniff besteht darin, die Beeren wie sie anfallen zu pflücken und in ein und demselben Behälter einzufrieren.

KERNOBST

APFELBAUM

Ein einzelner Baum trägt
Früchte, aber mehrere verschiedene Sorten sind besser. Apfelbäume können groß werden.
Die Spaliersorten (horizontal
oder in Palmettenform) sind
hübsch, brauchen aber Pflege.
Es dauert 5–7 Jahre, bis ein
Baum Früchte trägt. Apfelbäume wachsen in jeglichem
Boden, brauchen aber Sonne.
Wählen Sie leichter zu kultivierende, frühe Sorten, deren
Früchte man Ende August
verspeisen kann.

Wild- und Mostäpfel:
Sorten mit dekorativem Blütenschmuck und kleinen Äpfeln
(3–5 cm). Man kann sie zu Gelee
(wie Quitten) verarbeiten oder
als Dekoration nutzen. Sie sind
ideal zur Befruchtung der Tafelapfelbäume.

Säulenäpfel:
Bilden einen Stamm und
wenige Ästchen, ohne viel Platz
zu beanspruchen und ohne
dass man sie schneidet. In ein
Blumenbeet gepflanzt sind sie
wunderbar. Die Früchte schmecken gut, sind im Keller aber nur
maximal 3 Wochen lagerfähig.

„ZWEI-IN-EINS-QUITTE"

Wenn Sie wirklich keinen Platz
haben, probieren Sie 'Cido', eine
Zierquitten-Art aus Japan aus. Sie
wird nicht höher als 1,20 m, blüht
im Frühling wunderbar rot und
trägt im Herbst schöne, leuchtend
gelbe Quitten. Kein Schnitt, keine
Behandlung erforderlich. Der kleine Nachteil ist, dass ein Stämmchen nur 2–3 kg Ertrag bringt.

DIE WICHTIGSTEN HANDGRIFFE

Sommerschnitt: Es genügt, wenn man die Astaustriebe kürzt, wenn das Längenwachstum im Sommer einsetzt, um einen kompakten und blühfreudigen Obstbaum zu erhalten. 3–4 Mal muss man bei dieser Methode eingreifen.

Winterschnitt: Lichten Sie das Geäst, sodass nur 1 Trieb pro 10 cm entlang des Astes stehen bleibt. Wem das zu kompliziert ist, der wartet bis zur Blüte. Nur 7 Früchte pro 1 m Ast stehen lassen.

Vereinzeln: Lassen Sie kein Büschel mit mehr als 5 Früchten hängen. Diese würden konkurrieren. Entfernen Sie die schlechtesten. So bekommen Sie schöne gesunde Früchte.

BIRNBAUM

Der Birnbaum braucht mehr Wasser als der Apfel. Er wächst kräftiger und fruchtet leichter, aber die Qualität der Früchte ist für Liebhaber oft enttäuschend. Wählen Sie bevorzugt Sommersorten wie 'Jules Guyot', deren Anbau einfacher ist. Es dauert im Allgemeinen 3–5 Jahre, bis ein Birnbaum fruchtet, das geht am besten mit mehreren Bäumen von mindestens zwei verschiedenen Sorten. Ein Birnbaum kann über 100 Jahre alt werden, ist also ein Baum, den man auf lange Sicht pflanzt.

QUITTENBAUM

Er produziert ohne Zutun große Früchte von bis zu 500 g, braucht keinen Schnitt und blüht wunderhübsch. Wenn Sie keine Lust auf die Pflege von Obstbäumen haben, werden Sie die Quitte zu schätzen wissen. Die Früchte lassen sich nur gegart verzehren. Der Baum wächst 5 Jahre lang fast von selbst, aber die Ernte wird qualitativ besser, wenn man ihn ein wenig pflegt. Kurz gesagt ist er kein Muss für den Garten, aber er bringt Ertrag, ohne dass Sie mit ihm Mühe hätten.

STEINOBST

KIRSCHBAUM

Die süßen, knackigen Knorpelkirschen-Sorten sind am beliebtesten. Ein kräftiger Baum bringt leicht guten Ertrag, ein kränkelnder Kirschbaum jedoch nie. Normalerweise sind weder Schnitt noch Behandlung erforderlich, aber die Früchte müssen geschützt werden, sobald sie rot werden. Die Kirsche benötigt mit 4–5 m Kronenbreite den meisten Platz.

PFIRSICHBAUM

Er braucht nicht nur Wärme, sondern ist auch noch anfällig für die Kräuselkrankheit. Hat er sich aber einmal etabliert, trägt er regelmäßig und die Früchte entwickeln einen Duft, den man bei Obst aus dem Supermarkt nicht kennt. Vor allem in klimatisch bevorzugten Regionen mit Weinbauklima gelingt der Anbau.

PFLAUMENBAUM

Mirabelle, Zwetschge oder Reineclauden sind die typischen Formen dieser Art. Die Bäume sind nicht voluminös und auch kaum problematisch. Viele Früchte fallen vor der Reife ab und der Baum sondert als Markenzeichen Harz ab. Ein langlebiger Baum.

DIE WICHTIGSTEN HANDGRIFFE

Behandlung im Winter: Pfirsich- und Nektarinenbäume müssen im Winter zwingend gegen die Kräuselkrankheit behandelt werden. Dazu ein geeignetes Produkt verwenden und die Behandlung bei trockenem Wetter im Februar oder März durchführen.

NEKTARINE

Ohne Früchte ist es unmöglich, den Baum vom Pfirsich zu unterscheiden, weil er auch die gleichen Stärken und Schwächen zeigt. Nur braucht er noch mehr Wärme und verträgt noch weniger späte Fröste. Kurzum, ein Fall für beharrliche Gärtnerinnen und Gärtner im Weinbauklima.

APRIKOSENBAUM

Dieser Baum ist selbstfruchtend und kälteverträglicher als man vermuten würde. Er leidet aber unter späten Frösten, weil die Blüte früh einsetzt. Die Bäume sind immer etwas im Stress, aber Geduld und Hartnäckigkeit lohnen sich, denn die Aprikosen aus dem eigenen Garten haben einen außergewöhnlichen Geschmack.

Schnitt: Schneiden Sie absterbende Äste heraus. Eventuell auch dicke vertikale Triebe entfernen, damit der Baum in die Breite wächst.

Baumanstrich auftragen: Dieses Mittel, das man im Eimer kauft, schützt den Baum, indem es Erkrankungen der Rinde vorbeugt – ein Schwachpunkt dieser Bäume. Im Herbst anstreichen.

BEERENOBST

ROTE JOHANNISBEERE

Der etwa 1,20 m hohe und breite Busch fruchtet problemlos und die Pflanzen sind günstig. Der Ertrag kann ungleichmäßig ausfallen, daher pflanzt man am besten eine Reihe mit verschiedenen Sorten. Ein Abstand von 1,50 m und Halbschatten wären ideal.

SCHWARZE JOHANNISBEERE

Dies ist mit Sicherheit der am leichtesten kultivierbare Beerenobst-Strauch. Wählen Sie bevorzugt neue, ertragreichere und robustere Sorten aus. Er braucht keine volle Sonne und liebt eine Mulchschicht um die Füße. Die Josta-Beere ist ein Mischling mit der Stachelbeere und vereint das Aroma von beiden.

STACHELBEERE

Dieser stachelige Verwandte der Johannisbeere ist von der Statur her breiter und nicht so hoch, die Früchte können einige Zentimeter groß werden. Er ist etwas empfindlicher, doch es gibt Stämmchen, um die herum man auch Gemüse (Salate) anpflanzen kann. Die Früchte werden nur vollreif oder gegart verzehrt.

DIE WICHTIGSTEN HANDGRIFFE

Pflanzen: Beerenobst-Sträucher lieben es, in eine mit Kompost angereicherte Erde ausgepflanzt zu werden. Können Sie das nicht bieten, geben Sie der Pflanze eine ordentliche Schicht Laub.

KULTUR-HEIDELBEERE
Dieser Heidelbeer-Strauch produziert große, weniger stark duftende Beeren als die wilde Art, dafür aber reichlich. Geben Sie ihm einen nicht zu kalkhaltigen, frischen Platz. Die Ernte erfolgt ab Juli schrittweise über gut 3 Wochen hinweg.

GOJI-STRAUCH
Auch wenn seine Beeren nicht süß schmecken, haben sie aufgrund ihrer Nährwerte einen guten Ruf. Der Strauch ist ausgesprochen hässlich, wächst aber ohne Zutun. Rechnen Sie erst nach 2–3 Jahren damit, Früchte zu sehen. Der Rest der Pflanze ist giftig, was auch für die unreifen Früchte (grün) gilt.

Schnitt: Schneiden Sie alte, nicht mehr tragende Triebe zugunsten junger Triebe zwischen November und März heraus. Die anderen Äste müssen gar nicht gekürzt werden.

Schutz: Vögel verspeisen die Beeren und man sollte die Büsche mit Netzen sichern oder sogar die Sträucher unter Gitterkästen kultivieren, ein umgekehrtes Volièrenprinzip.

FRUCHTTRAGENDE KLETTERPFLANZEN

WEIN

Auch wenn der Weinstock hübsch aussieht, so braucht er doch am häufigsten einen Schnitt, und das nicht nur im Winter. Der Gutedel mit kleinen zarten Tafeltrauben wird durch den Muskateller mit festen, aber robusteren Trauben verdrängt. Die Züchtungen des französischen Forschungszentrums INRAE ('Ampelia', 'Perdin' usw.) sind echte Innovationen.

BROMBEERE

Sie gibt es als dornige Sorten (geschmacklich besser) oder dornenlos (angenehmere Handhabung!). Die Ranken müssen an ein Gerüst angebunden werden. Der Anbau entspricht weitgehend den Himbeersträuchern, weshalb man sie gemischt setzen kann.

KIWI

Kiwipflanzen stehen gewöhnlich in Grüppchen (eine männliche Pflanze für 4 weibliche), doch gibt es auch selbstfruchtende, nicht so kräftig wachsende Sorten. Rechnen Sie frühestens nach 5 Jahren mit den ersten Früchten. Die Kiwipflanze wird sehr groß und benötigt daher ein stabiles Rankgerüst. Sie hat sogar dekorative Blüten.

Schnitt: Wein, Kiwi und Kiwai werden im Winter so zurückgeschnitten, dass nur 20 cm der Jahrestriebe stehen bleiben. Die Austriebe am Stamm entfernt man im Sommer. Brombeeren und Loganbeeren schneidet man wie Himbeeren (siehe Seite 123).

KIWAI
Die Japanischen Stachelbeeren oder Kiwai sind kleine, glatte Verwandte der Kiwi und werden mit Schale verzehrt. Die Pflanzen fruchten leichter und brauchen weniger Platz. Sie sind auch graziler. Man kann sie leicht in ein Zierbeet integrieren, solange man ihnen eine Rankhilfe bietet. Am besten kaufen Sie eine selbstfruchtende Sorte ('Issai').

LOGANBEERE
Die Loganbeere, auch Tayberry genannt, ist eine Kreuzung von Himbeere und Brombeere. In der Statur ähnelt sie der Gartenbrombeere, sie hat aber oft kleine Dornen und ihre Früchte sind aromatischer als Brombeeren. Die Pflanzen wachsen oft sehr kräftig und man kann sie zudem recht günstig kaufen.

Auf Frost achten: Kiwi, Kiwai und auch der Wein vertragen keinen späten Frost. Decken Sie eine Schutzfolie darüber, wenn im April oder Mai Frost angekündigt wird.
Anbinden: Binden Sie die Triebe auf jeden Fall an eine Stütze an. Am einfachsten ist Draht, den man an einer Mauer oder zwischen zwei Pfählen spannt. Man muss nur ein oder zwei Mal eingreifen.

ZITRUSFRÜCHTE

ZITRONENBAUM

Nicht alle Sorten tragen ganzjährig Früchte, aber alle lieben reichlich Wasser und einen kühlen, aber sonnigen Platz im Winter. Schneiden Sie die Zitronenpflanze zur Kugel, weil sie sonst rasch von unter her verkahlt. Sie muss im Kübel kultiviert werden, den man geschützt überwintert. Zitronenbäume verlieren bei längerer Trockenheit das Laub.

YUZU-PFLANZE

Spitzenköche verwenden die geriebene Schale oder den Saft dieser Zitrusfrucht zum Verfeinern von Speisen. Die Pflanze verträgt im Winter Temperaturen bis –10 °C, die ausgewachsene Pflanze auch weniger. Im Weinbauklima könnte man sie daher ins Freiland setzen. Sie ist sehr stachelig und fruchtet langsam. Im Kübel benötigt sie reichlich Wasser und einmal jährlich etwas Dünger.

ZITRONAT-ZITRONE

Die Frucht hat die Form einer großen Zitrone oder ist gefingert wie die „Hand Buddhas" (siehe Foto) und wird nur zubereitet genossen. Ihr Duft ist sehr aromatisch und sie ist nicht bitter. Der Strauch wächst unförmig, gedeiht aber gut. Er verträgt nicht den geringsten Frost. Er produziert rasch Früchte, trägt aber nicht besonders viele: nur 5 Zitronat-Zitronen jährlich.

DIE WICHTIGSTEN HANDGRIFFE

Pflanzen: Im Kübel in eine Spezialmischung für Zitrusfrüchte (mit lockerer Erde oder Lehm). Im Freiland zur Neupflanzung der weniger kälteempfindlichen Arten den Mai abwarten und in den ersten Jahren mit Winterschutz versehen.

MANDARINENBAUM
Die echte japanische Mandarine, die Satsuma, duftet und ist etwas abgeflacht. Ihr Fleisch ist kernlos, aromatischer, aber nicht so fein und süß wie das der echten Clementine. An einer schützenden Mauer verträgt diese Zitruspflanze bis −10 °C. Sie braucht im Kübel ständig Wassernachschub, sodass man sie im Winter einmal wöchentlich, im Sommer täglich gießen muss.

KAFFERN-LIMETTE
Diese kleine deformierte Zitrone ist saftlos, duftet aber unglaublich intensiv nach Zitronellöl. Sie wird wie eine Zitrone kultiviert, verträgt aber nicht den geringsten Frost. Die Frucht wird als Würze gerieben. Man kann auch die Blätter verwenden. Das Aroma verfliegt jedoch beim Kochen. Die Kaffern-Limette trägt schon als junge Pflanze das ganze Jahr hindurch reichlich Früchte.

Unterstellen: Kübel mit Zitruspflanzen müssen im Winter hell bei maximal 15 °C drinnen stehen. Ein frostfreies Kaltgewächshaus wäre perfekt.
Gießen: Alle Zitruspflanzen sind ständig durstig, manche mehr, manche weniger. Wassermangel und fehlender Dünger sind die Hauptursachen für das Scheitern.

NOCH MEHR FRÜCHTE

FEIGENBAUM

Der Temperaturanstieg durch den Klimawandel kommt dem mediterranen Fruchtgehölz zugute. Achten Sie aber trotzdem auf möglichst frostunempfindliche Sorten. Auf jeden Fall liebt die Feige im Sommer das Wasser und sie verträgt einen kräftigen Schnitt. Pflanzen Sie den Baum im Frühjahr an einen sonnigen Platz. Feigen sind selbstbestäubend und bringen schon nach 3–5 Jahren einen Ertrag.

FEIJOA

Die Brasilianische Guave (*Acca sellowiana*) trägt guavenähnliche Früchte. Wenn sie im November überreif geworden sind, können sie einen „medizinischen" Geruch entfalten. Die Blüten im Juni und Juli sind süß und knackig. Der Strauch ist winterhart bis −12 °C. Im Frühling an eine geschützte, sehr sonnige Stelle pflanzen. Mindestens zwei verschiedene Sorten setzen, damit die Pflanzen mehr fruchten.

CHILENISCHE GUAVE

Mit botanischem Namen *Ugni molinae* genannt, trägt dieser 1,20 m hohe Strauch kleine, rundliche, rote Früchte, die nach Eukalyptus und Bonbons duften. Er ist bis −12 °C winterhart, fürchtet aber staunasse Böden im Winter. Bevorzugt im Frühling in frischen, nicht zu kalkhaltigen Boden pflanzen. Im April schneiden und im Sommer bei Trockenheit gießen. Die Früchte lassen sich etwa 3 Wochen lang ernten.

KAKI

Das Fleisch der Früchte ist fest wie bei einem Apfel und süß. *Diospyros kaki* bringt nach 5–7 Jahren einen Ertrag, auch wenn sie einzeln gepflanzt wird. Die Pflanze ist aber im Einkauf ziemlich teuer. Setzen Sie winterharte Sorten im Frühling und gießen Sie ausgiebig während des Sommers. Der Baum ist widerstandskräftig, sobald er gut angewachsen ist. Er wird bis zu 5 m hoch und breit, wächst aber langsam.

PAPAU

Man könnte sie für eine Mango halten, aber darin versteckt sich ein cremiges, nach Banane und Vanille schmeckendes Fleisch mit großen Kernen. Die Früchte (im September/Oktober) können mehr als 350 g schwer werden. Papau (*Asimina triloba*) verträgt bis –18 °C. Man muss mehrere Sorten pflanzen, weil der Baum selbststeril ist. Er trägt erstmals im Alter von 5 Jahren Früchte.

JAPANISCHE WOLLMISPEL

Eriobotrya japonica trägt Früchte, die man auch als Loquat kennt, säuerlich, hellorange mit großem Kern. Der Baum ist bis –10 °C winterhart, aber die Blüte, die in den Winter fällt, verträgt nur –3 °C. Platzieren Sie den Baum windgeschützt oder decken Sie ihn zur Blütezeit zu. In den ersten Jahren im Sommer gießen. Auch ohne Früchte ist der kleine Baum mit seinen großen, immergrünen Blättern hübsch anzusehen.

OBSTHECKE

BEERENOBST

Beerenobststräucher wie Himbeeren oder Johannisbeeren kann man wachsen lassen, sodass sie eine Wand von etwa 1,50 m Höhe bilden. Dicht im Abstand von 40 cm in Reihen pflanzen. Reichlich um die Stämme bzw. Triebe mulchen. Vögel kommen hier leicht an ihre Beute.

APFELBÄUME

Auch aus Apfelbäumen, die einen Schnitt mit der Astschere vertragen, kann man eine Hecke ziehen. Nicht die Heckenschere verwenden. Rechnen Sie mit einer Breite (Tiefe) von 3 m. Wählen Sie kleinfrüchtige, reichlich tragende Sorten wie 'Goldparmäne' aus. Auf Krankheitssymptome achten.

SPALIEROBST

Wenn Sie palmettenförmige Spaliersorten wählen, bildet sich ein schöner Vorhang, der eine ansprechende Menge von Äpfeln trägt. Diese Apfelbäume benötigen noch mehr Rückschnitte. Sie brauchen mit knapp 1 m Breite nur sehr wenig Platz. Rechnen Sie pro Heckenmeter mit 50 € Kosten. Das gibt aber Äpfel!

DIE WICHTIGSTEN HANDGRIFFE

Gießen: Eine junge Obsthecke muss ab dem Einpflanzen regelmäßig gegossen werden. Am besten zwischen November und März, oder im Sommer pflanzen und wöchentlich gießen.

Mulchen: Verteilen Sie reichlich organischen Mulch wie Stroh oder abgefallenes Laub um die Stämme.

Schnitt: Halten Sie die Obsthecke in der Höhe kurz, nicht in der Breite (Tiefe), wobei die Maßgaben für den Obstbaumschnitt außer Acht gelassen werden.

WEINSTÖCKE UND OBSTBÄUME

Nach einer alten Anbaumethode, die durch die Permakultur (siehe Seite 28) wiederbelebt wurde, kann man den Obstertrag erhöhen, indem man einen Obstbaum zwischen Reihen von Weinreben pflanzt. Das sieht hübsch aus und funktioniert gut, aber man muss den Wein in Form schneiden. Sie können stattdessen auch Brombeeren nehmen.

GEMISCHTE OBSTHECKE

In einer Obsthecke dürfen auch Nussbäume (Walnuss und Haselnuss) zusammen mit anderen leicht als Heckenpflanzen erziehbaren Arten wie Apfel- und Quittenbäumen stehen. Rechnen Sie mit einer Breite von 4–5 m. Bis sich Ertrag einstellt kann es bis zu 10 Jahre dauern. Nur für ganz große Gärten und ganz geduldige Gärtner geeignet.

Ein ökologischer Obstgarten

... UND BESSERES OBST

Natürlich kann man immer etwas verbessern und noch mehr tun. Der Geist der Zeit verlangt, dass die wilde Natur so eng wie möglich an unsere Obstkulturen heranrücken darf, weil die Vorteile dieser kleinen Artenvielfalt nun bekannt sind. Und wir müssen den Garten weniger pflegen!

1. Blühstreifen

Er besteht aus Wildblumen, die sich je nach Planung unter den Bäumen oder um sie herum ausbreiten. Im Winter mähen, an Ort und Stelle zerkleinern. Kein Schnitt zwischen März und August.

2. Blumenwiese

Das ist eine Variante des Blühstreifens, hier alljährlich als handelsübliche Mischung neu gesät. Man muss den Boden vorbereiten und vor allem die Honigbienen haben einen Nutzen.

3. Mulch

Man kann rund um die Stämme der Obstbäume auch kompostiertes Holzhäcksel ausbringen. Das Häckselgut muss mindestens 2 Jahre zersetzt worden sein, nicht frisch oder trocken. Jedes Jahr eine 5 cm dicke Schicht streuen.

4. Unterschlupf

Besondere, selbst gebaute Unterschlupfmöglichkeiten für Insekten wie Ohrenkneifer, Solitärbienen, Hummeln und viele andere vervollständigen unseren Schutz der Nützlinge.

5. Nistkasten

Die Anwesenheit von Vögeln, z. B. Meisen, bietet besonders wirkungsvollen Schutz gegen Schädlinge. Rechnen Sie 1 Nistkasten für einen bestimmten Vogel pro 100 m² Fläche.

KURZ GEFASST

- Ein ökologischer Obstgarten wird nicht ausufernd gepflegt, aber auch nicht vernachlässigt.

- Alle grundlegenden Pflegemaßnahmen (Nachsehen, Schneiden, Ausputzen) sollten gewährleistet sein.

- Ob ein ökologischer Obstgarten gelingt, hängt von der richtigen Auswahl der Sorten ab. Nehmen Sie sich also Zeit und hüten Sie sich vor allzu enthusiastischen Pflanzenbeschreibungen.

Register

A

Akanthus 26
Anzucht von Gemüse-
  pflanzen 84
Apfelbäume 124, 136
Aprikosenbaum 127
Artischocke 100
Aubergine 88
Ausdünnen 79
Ausgeizen 91
Auslichten 61
Ausputzen 58, 62
Aussaat 82

B

Basilikum 87
Batavia-Salat 92
Baumkohl 100
Baum pflanzen 114
Beerenobst 122, 128,
  130, 136
Beete
  anlegen 46
  Einfassungen 48
Bewässerung 24, 58,
  78, 79, 82
Bienen 66
Birnbaum 125
Blattgemüse 98
Blattkohl 97
Blumenwiese 138
Boden
  Arten 15
  Bedeckung 30
  verbessern 14
  vorbereiten 12, 46,
    80
Bodendecker 50
Bohnen 88
Borretsch 71
Brandkraut 26
Brombeere 130

C

Currypflanze 26

E

Endivie 92
Erbsen 88
Erdbeeren 122
Ernte 79
Eskariol-Endivie 92

F

Feigenbaum 134
Feijoa 134
Feldsalat 98
Fetthenne 26
Frisee-Salat 92
Fruchtwechsel 108
Füllpflanzen 51
Funkie 71
Futterspender für
  Vögel 36

G

Garbe, Gold- 26
Gartengestaltung 41
Gartenhütte 11
Gartenpflege 58
Gartenplätze planen 11
Gartenstile 42
Gemüseanbau 75
  ausdauernde Arten
    100
  Familien 102
  Fehler 77
  Fruchtwechsel 108
  Grundbegriffe 78
  Mulchen 108
  Standort 76, 77
Gemüsegarten
  anlegen 76
Gemüsegemein-
  schaften 102

gesunder Garten 38
Gießen 58, 78, 79, 82
Glyzine, Schnitt 65
Goji-Strauch 129
Gründünger 15, 109
Grünkohl 97
Guave 134
Guter Heinrich 100

H

Häckselgut 31
Haselnuss 137
Hecke
  aus Obstbäumen 19
  gemischte 18
  naturnahe 18
  pflanzen 16
  Schnitt 60
Heidelbeere 129
Heiligenkraut 27
Herbstgemüse 96
Himbeeren 123

I

Indigopflanze 27
Insekten 66
Insektenhotel 37

J

Jäten 12, 59, 80
Johannisbeere 128

K

Kaffern-Limette 133
Kaki 135
Kaplilie 71
Kapuzinerkresse 71
Kartoffeln 86
Käsekraut 106
Keimung 83
Kernobst 124
Kirschbaum 126

Kiwai 131
Kiwi 130
Kletterpflanzen 64,
  130
Kompost 14, 32
Kopfkohl 98
Krankheiten im
  Garten 38
Kraut der Unsterb-
  lichkeit 106
Kräuter 104, 106
Kürbisse 94

L

Laubkompost 32
Lauch 98, 101
Loganbeere 131

M

Mairüben 97
Mandarinenbaum 133
Massenpflanzung 73
Minze 104
Möhren 96
Mulch 30, 81, 108, 138

N

natürlich wirkende
  Pflanzung 50
naturnaher Garten 43
Nektarine 127
nektarreiche Pflanzen
  66
Nepal-Pfeffer 107
Nistkästen 36, 138

O

Obstbäume 137
  pflanzen 114
  schneiden 118
Obstgarten 113
  Fehler 120

Grundbegriffe 116
ökologischer 138
Obsthecke 136, 137

P
Papau 135
Paprika 89
Peperoni 89
Permakultur 28
Petersilie 104
Pfirsichbaum 126
Pflanzengemein-
  schaften 28
Pflanzen selbst ziehen
  84
Pflanzung
  Bäume 55
  Fehler 56
  Gemüse 78
  in Reihen 73
  Praxis 54
  Technik 52
  Zeitpunkt 58
Pflaumenbaum 126
Pflege
  des Gartens 58
  von Stauden 62
Pikieren 78
Pilzkraut 107
Planung
  des Gartens 8, 41
  Fehler 45
  Gartenplätze 11
  von Pflanzungen 44
  Wege 10
Plan zeichnen 9

Q
Quittenbaum 125

R
Radieschen 86
Rasen
  anlegen 20
  auffrischen 21
Rasselblume 27
Rauke 99
Regentonne 24
Rhabarber 101
Ringelblume 71
Romana-Salat 93
Rose, Zwerg- 27
Rosmarin 104
Rote Bete 96
Rübchen 97
Rückschnitt 58, 61

S
Salat 86, 92
Salbei 27
Samen von Kräutern
  111
Schädlings-
  bekämpfung 38
Schneckenklee 27
Schnitt 58, 60
  Kletterpflanzen 64
  Obstbäume 118, 125
  vereinfachen 72
  Zier- 61
Schnittlauch 105
Schnittsalat 99
Selbstaussaat 51

skulpturale Pflanzen
  73
Sommergemüse 86,
  88
Sommerschnitt 125
Spalierobst 136
Spinat 99
Stachelbeere 128
Steinobst 126
Stiefmütterchen 71
Stromleitungen 10
Struktur des Gartens
  10
Struktur im Garten 44
Studentenblume 107

T
Taglilie 70
Tee-Pflanzen 69
Teich 37
Teilung von Stauden
  63
Thymian 105
Tiere
  anlocken 34
  unterstützen 36, 138
Tomaten 87, 90
trockenheitsverträg-
  liche Pflanzen 26

U
Umpflanzen 59, 62
Unkraut entfernen
  12, 80

V
Vogelfutter 36
Vögel, Nistkästen 36,
  138

W
Walnuss 137
Wasserleitungen 10
Wege
  anlegen 22, 23
  Baumaterial 22
  planen 10
Wein 130, 137
Winterestragon 107
Wintergemüse 96
Winterschnitt 125
Winterschutz 59
Wollmispel 135
wuchernde Pflanzen
  50, 63

Y
Yuzu-Pflanze 132

Z
Ziergemüse 111
Zierschnitt 61
Zitronat-Zitrone 132
Zitronenbaum 132
Zitrusfrüchte 132
Zucchini 87
Zwiebeln 96

BILDNACHWEIS

Alle Fotos stammen vom Autor, mit Ausnahme der folgenden Seiten:
– Adobe: 10 li., 11 li., 24 Mi., 36 re., 62 li., 68 re., 69 re., 71 unten li., 76 li., 77 li., 78 li., 91 li., 106 Mi., 107 li., 126 Mi., 129 li. und Mi., 130 Mi. und re., 131 li. und Mi., 134 Mi., 135 li. und re.
– alexkar08/Shutterstock.com: U1
– iStock kodachrome 25: S. 19.
– Krzysztof Ziarnek / cc by-sa 4.0: S. 100 Mi.
– Semenaka_Maria/Shutterstock.com: Buchrücken (Schaufel)

Instagram Jean-Michel Groult: @sensationjardin
jeanmichelgroult.fr

EINKAUFEN

Alle in diesem Buch genannten Pflanzen und Materialien sind in Gärtnereien, Baumärkten und im spezialisierten Online-Fachhandel erhältlich.

IMPRESSUM

Die in diesem Buch enthaltenen Empfehlungen und Angaben sind von der Autorin/vom Autor mit größter Sorgfalt zusammengestellt und geprüft worden. Eine Garantie für die Richtigkeit der Angaben kann aber nicht gegeben werden. Autorin/Autor und Verlag übernehmen keine Haftung für Schäden und Unfälle. Bitte setzen Sie bei der Anwendung der in diesem Buch enthaltenen Empfehlungen Ihr persönliches Urteilsvermögen ein. Der Verlag Eugen Ulmer ist nicht verantwortlich für die Inhalte der im Buch genannten Websites.

Anmerkung zur Schreibweise (Gendering): Gendergerechtigkeit und Inklusion sind bei uns gelebte Praxis – bei der Auswahl unserer Themen, bei der Recherchearbeit, in der Gestaltung. Unsere Texte meinen alle. Damit unsere Inhalte jedoch gut lesbar bleiben, verzichten wir in diesem Werk auf die jeweilige Mehrfachnennung oder Anpassung der Schreibweise bestimmter Bezeichnungen an die weibliche, männliche oder diverse Form.

Bibliografische Information der Deutschen Nationalbibliothek
Die Deutsche Nationalbibliothek verzeichnet diese Publikation in der Deutschen Nationalbibliografie; detaillierte bibliografische Daten sind im Internet über http://dnb.d-nb.de abrufbar.

Die französische Originalausgabe erschien 2022 unter dem Titel Jean-Michel Groult, Guide du jardin ultra-simple. © 2022 Les Édition Eugen Ulmer, Paris.
www.editions-ulmer.fr

© 2023 Eugen Ulmer KG
Wollgrasweg 41, 70599 Stuttgart (Hohenheim)
E-Mail: info@ulmer.de
Internet: www.ulmer.de

Projektleitung: Doris Kowalzik
Übersetzung: Sabine Hesemann
Lektorat: Sabine Drobik
Herstellung: Katharina Merz
Umschlaggestaltung: Anette Vogt, www.redsign.de, Stuttgart
Satz: Fotosatz Buck, Kumhausen
Reproduktion: time:ray, Jettingen
Druck und Bindung: Westermann Druck, Zwickau
Printed in Germany
ISBN 978-3-8186-1944-2